OPINIONES Y APUNTES ACADÉMICOS DE ECONOMÍA, FINANZAS Y ADMINISTRACIÓN II

VERDADES, CONJETURAS Y CRÍTICAS

HÉCTOR JULIO GARZÓN VIVAS

ÍNDICE

INTRODUCCIÓN

El presente texto *Opiniones y Apuntes Académicos de Economía, Finanzas, Administración y Política II,* del autor Héctor Julio Garzón Vivas, es una recopilación de una serie de documentos, en su mayoría publicados en algunos diarios de circulación nacional, como el diario Portafolio, de la Casa Editorial El Tiempo, de la ciudad de Bogotá.

Cabe agregar que el periodo de dichas publicaciones comprende desde el año 2002 y hasta el año 2017. La periodicidad de cada uno de los documentos presentados se encuentra regulada por las apariciones no solo en este diario (Portafolio) sino por algunas que se han hecho en Instituciones Universitarias con las cuales se ha tenido relación directa por ser un docente que ha laborado en ellas.

En este libro se aprecia la solvencia que ha tenido el autor al abordar temas relacionados con la situación actual del país, en donde se han visto sus opiniones y observaciones particulares sobre este tipo de hechos. De igual manera su visión sobre el hoy y la forma en que la sociedad se ha venido deteriorando es otro de los aspectos a resaltar en este tipo de documentos.

El doctor Héctor Julio Garzón Vivas, es un profesional con estudios formales en Economía Industrial, Maestría en Economía y ha cursado un Master Business Administration, MBA en Dirección Financiera, además de una Especialización en Gerencia de Procesos y Calidad. A lo largo de estos procesos educativos se ha destacado por realizar un énfasis claro en gestión de la productividad, efectividad, la ética y generación de valor para la sociedad, la empresa pública y privada.

De igual manera es una gran persona que se destaca por su capacidad para dirigir, liderar y supervisar equipos de trabajo multidisciplinarios. Mantiene una alta autonomía y autocontrol, elementos que le permiten trabajar bajo condiciones de presión, pero siempre tendiendo al logro de resultados como el fin último de sus objetivos.

Por otro lado, su experiencia a nivel profesional es variada y ha ahondado en los niveles asesor y directivo en las entidades en las cuales ha trabajado, particularmente en las áreas de planeación, administrativas, contratación pública, financieras, control interno y sistemas de gestión de calidad.

Ha participado también en el diseño e implementación de algunos procesos y procedimientos con excelentes resultados. Su amplia experiencia en la gestión administrativa, logística y la contratación pública, le han permitido desarrollar su habilidad para el trabajo por proyectos, en donde ha logrado desarrollarlos con efectividad y generación de valor.

Del autor se destacan sus principios y valores como la honestidad, la solidaridad, el compromiso, la lealtad, la responsabilidad, la integridad y la efectividad.

Su progreso educativo se muestra en los logros alcanzados en cada Institución como son: **UNIVERSIDAD CATÓLICA POPULAR DE RISARALDA (**Economía Industrial en Pereira, 1988); **PONTIFICIA UNIVERSIDAD JAVERIANA (**Maestría en Economía, Bogotá D.C, 1993); **UNIVERSIDAD ESCUELA DE ADMINISTRACIÓN DE NEGOCIOS, EAN** (Especialización en Gerencia de Procesos y Gestión de Calidad, Bogotá D.C. 2012) y **UNIVERSIDAD FRANCISCO VITORIA** (Máster en Administración y Dirección de Empresas (MBA), con especialidad en Dirección Financiera (MBA-DF), España, Abril de 2015).

Dentro de su desempeño laboral, se destaca el paso por Instituciones importantes del país como la Agencia del Inspector de Tributos, Rentas y Contribuciones, Agencia Nacional de Hidrocarburos, la Procuraduría General de la Nación, Coldeportes, el Ministerio de Cultura, Planeación Nacional y la Casa de la Cultura de Dosquebradas Risaralda y a nivel educativo la Universidad INCCA de Colombia, la Fundación Universitaria del Área Andina, la Fundación

Universitaria Iberoamericana y la Universidad la Gran Colombia, entre otras.

En todas estas instituciones se ha destacado como un gran profesional y docente, enseñando con buenas dotes pedagógicas y dejando una huella en sus alumnos.

Tal como se ha manifestado, el presente libro reúne las opiniones generales del autor, las cuales tienen toda la influencia de la historia y los hechos más representativos del país y, por otro lado, los aportes pedagógicos y críticos que se muestran en los diferentes procesos de formación y dan cuenta del nivel de formación del doctor Héctor Julio Garzón Vivas.

El presente volumen tiene un contenido total de 36 documentos, los cuales se encuentran relacionados sobre los temas generales de educación y cultura, valores, economía, finanzas, la administración del Estado, la forma de elaborar proyectos y la crítica general de algunos de los temas álgidos de la situación del país, en donde muestra su conocimiento y profundidad además de su versatilidad para plasmar de forma coherente sus ideas.

Los documentos han sido nombrados en cinco grandes títulos, las cuales corresponden a los temas mencionados arriba (crítica, valores, economía, sobre el Estado, cultura y educación y, proyectos y emprendimiento). En cada acápite se encuentran los escritos del autor.

Cabe agregar igualmente, que todo el trabajo presentado no es exclusivo y neófito del autor, sino que el mismo resume no solo las diferentes publicaciones en las cuales ha participado, sino los aportes que ha hecho a la prensa nacional al hablar de los aspectos más llamativos que, a nivel económico, ocurren en el país.

Dejo así un primer punto de vista sobre los documentos, los cuales se han clasificado bajo esta temática, luego de ser leídos, revisados y ajustados para editarlos adecuadamente y condensarlos en este volumen.

Espero que esta recopilación de la obra periodística y a veces educativa o crítica del doctor Héctor Julio Garzón Vivas, sea de gran interés y genere buenas opiniones entre sus lectores y oportunas críticas entre sus detractores.

EL EDITOR

CRÍTICA

Esta primera parte de los documentos contenidos en este libro muestran las ideas del autor de forma libre y direccionadas a algunos de los aspectos más sobresalientes de la historia del momento y de la crítica de los aspectos relacionados con la economía o de algunas de las situaciones actuales que han sido tomadas por el Estado y que el autor es libre de criticar.

El lector podrá apreciar que hay documentos relacionados con los modelos económicos y lo cambios que estos han hecho en la vida y que han llevado a diversas situaciones en las cuales se puede estar o no de acuerdo con el hecho o se puede tomar una posición crítica en favor o en contra del autor que los ha realizado, doctor Héctor Julio Garzón Vivas.

¡¡¡EL ASISTENCIALISMO PERVERSO!!!

Nunca antes, en ningún Gobierno, se habían dado tantos subsidios: de vivienda, de salud, de educación, de empleo, de familias en acción, de tercera edad, de pensiones... y otros tantos, los cuales sobrepasan en total los $10 billones al año. Muchos de ellos, al final, se convierten en *"subsidios a la pereza"*. En principio es loable la intención por parte del Estado, pero, con el paso del tiempo, se convierten en una herramienta perversa que no necesariamente beneficia a quienes realmente están dirigidos.

En muchos casos, con esta política asistencialista se perjudica la capacidad y voluntad de trabajo de las personas, incluso hasta su propia dignidad, *mal acostumbrando a quienes, de manera continua, indiscriminada y permanente reciben subsidios*. Política que, entre otras cosas, desde el punto de vista fiscal no es sostenible ni el mediano y mucho menos en el largo plazo.

En el reciente informe de la *"Misión para el Empalme de las Series de Empleo, Pobreza y Desigualdad (MESEP) entrega series actualizadas al Gobierno Nacional"*, se ratifica lo expuesto debido a que la pobreza no se ha reducido significativamente y el nivel de indigencia pasa del 32,5% al

32,6%, aumentando en términos absolutos y relativos. Y, de manera contradictoria, en las zonas rurales, donde supuestamente la Seguridad Democrática ha obtenido sus mejores resultados, el asunto es más dramático porque la pobreza sigue superando el 60%.

Esta política asistencialista, definitivamente no sirve para combatir la pobreza, siendo este uno de los problemas más graves desde el punto de vista social y económico. Tampoco para hacer redistribución del ingreso, pues el Coeficiente de Gini, el cual entre el 2002 y 2008 pasó del 0.57 al 0.56, mostró una grave concentración de la riqueza, manteniendo a Colombia entre los tres peores países del mundo; un logro pírrico frente a la inmensa y penosa necesidad.

En términos de la biblia, habría que preguntarse cuáles pueden ser las mejores herramientas para "***enseñarle a pescar***" a esta población que aún no han sido incluida en los beneficios de las recientes y publicitadas "***bonanzas económicas***" de estos últimos seis años. Parece ser que la única y más efectiva herramienta es la educación, centrada en la formación de competencias laborales y valores sociales, y hacer "***una redistribución del conocimiento***", para ver si al fin podemos lograr la redistribución del ingreso y la riqueza.

En la mayoría de los casos, los subsidios se aprovechan perversamente como un mecanismo de politiquería barata, en el que se juega con el sentimiento y la necesidad de la gente vulnerable al darle un paliativo para un problema estructural.

Todo ello indica que el actual modelo económico, que más que ser "pro-rico" como lo indica Cecilia López Montaño, es: "*en contra de los pobres*".

Cordialmente,

HÉCTOR JULIO GARZÓN VIVAS
Docente Universidad Minuto de Dios

¿GENERAR DESEMPLEO O PRODUCTIVIDAD?[1]

Se ha vuelto a acentuar la discusión sobre el tamaño del Estado colombiano. El nuevo gobierno plantea un "adelgazamiento" para lograr que las finanzas públicas no colapsen.

En principio, suena muy interesante, por demás justificado, si se mira a la luz del comportamiento de la economía en los últimos ocho años. Pero nada más alejado de la realidad, respecto de sustentar que el Estado colombiano es grande. Cuando apenas llega a significar cerca del 20% del Producto Interno Bruto. Y porque, a nivel internacional, en países con similares condiciones, llega al 30% por no mencionar el tamaño del Estado en las naciones más desarrolladas en donde puede significar hasta el 40 y 45%.

Hablar de recorte del Estado, es lo más fácil, y seguramente lo más populista en esta época. Entonces, despedir gente del sector público es el camino más fácil, máxime cuando no se realizan los análisis de fondo que se requieren.

El Estado en Colombia no es grande, es ineficiente e improductivo. Esto es diferente y, por tanto, el remedio no debe ser el que se está planteando como un "simple

---

[1] Documento publicado en Portafolio y Dinero. Junio 17 de 2002

adelgazamiento". En el fondo, lo que debe lograrse es que el sector público aporte mayor valor agregado a la economía. Por ejemplo, es hacer que con el mismo número de funcionarios la economía sea más dinámica o lograr que con la acción del Estado se logren mayores economías externas para el sector privado y para la sociedad en general.

Se requiere entonces que quienes dirigen las entidades del Estado administren, con criterios técnicos, que se imponga una gestión por resultados, que se logre entender cuál es la misión del Estado. Por tanto, hay que hacer que la inversión pública sea realmente eso, inversión, es decir, que realmente sea el incremento de los bienes de capital de la economía, y no solo otra fuente de financiamiento de los gastos de funcionamiento de las entidades, por donde se cancela gran parte de la nómina paralela.

Por eso la respuesta a la pregunta de si ¿se produce más desempleo o se logra obtener mayor productividad?, es la que debe implementarse en la administración pública. En el Estado colombiano, y es claro que aún faltan gerentes para poder aclarar esta inquietud.

Cordialmente,

HÉCTOR JULIO GARZÓN VIVAS

Magister en Economía

info@garzonvivasconsultoria.com

ECONOMISTAS: ¡¡EN DEUDA!![2]

La ciencia económica es una ciencia social y, por tanto, su acción debe estar encaminada a lograr el "desarrollo social" –sic–, lo cual significa que en el fondo se busca lograr mejoría en la calidad y las condiciones de vida.

Si tomamos como válido lo anterior, los economistas no salen bien librados, esto si se les mide por los resultados de su ejercicio. Mírese por ejemplo el índice de pobreza que para Colombia muestra que más del 70% de la población de encuentra por debajo de este margen, con tasas de desempleo que superan el 17%, hecho que, en materia de las finanzas públicas, muestra que técnicamente estamos "quebrados". Tenemos una raquítica estructura económica, aún dependiente de sectores productivos básicos (primarios) y de la dictadura económica de los organismos financieros internacionales, así como de potencias económicas con aires de todopoderosas.

Puede que, en el caso colombiano, por varias décadas se haya lograr una relativa y endeble estabilidad macroeconómica, pero sin lugar a dudas a costa del sacrificio

---

[2] Documento publicado en Portafolio. Julio 3 de 2003.

en el desarrollo social equitativo. Todo esto puede ser tal vez solo maquillaje económico.

Con respeto de muchos de los economistas de la tecno-burocracia colombiana, algunos de ellos preparados en universidades extranjeras, por cuenta del mismo erario y que generalmente, la única realidad que conocen, por ejemplo, del sector rural de la economía es cuando asisten a los "asados" de fin de semana, en fincas de su propiedad. Los economistas, peligrosamente, se están acostumbrando y confundiendo "la cruda realidad" con la "realidad virtual" de los modelos econométricos computarizados. ¿Acaso esto no es una alegoría a Matrix económico y social?

A los nuevos y viejos economistas hay que recordarles que los modelos teóricos y ortodoxos son solo eso, una representación de la realidad. Claro que son esenciales, pero por sí solos y con la pura aplicación ortodoxa, como está demostrado por más de 250 años, no logran el desarrollo social integral y equitativo que requiere la humanidad.

Por supuesto, no se puede decir que la culpa de los males que se padecen a nivel mundial o especialmente en Colombia, se les pueden endilgar a los Economistas, pero vale la pena reflexionar sobre la deuda que tienen estos profesionales por los resultados obtenidos hasta ahora en materia de desarrollo social y estabilidad económica.

19

Bueno, feliz día colegas!

Cordialmente,

HÉCTOR JULIO GARZÓN VIVAS

Magíster en economía

info@garzonvivasconsultoria.com

¿AUXILIOS PARLAMENTARIOS?[3]

Muchos recordarán que una de las motivaciones de la constituyente de 1990 era combatir el clientelismo que se incrustó en nuestro sistema político y, en general, en todo el Estado a partir del uso irresponsable de los denominados auxilios parlamentarios. ¡Todos pedíamos que desaparecieran, pero no fue así!

Hoy tenemos tal vez lo mismo, pero denominado de otra forma. O cómo se le puede llamar a los "contratos" suscritos con instituciones, invocando el artículo 355 de la Constitución Política el cual, en principio, prohíbe las donaciones y los auxilios a las personas naturales o jurídicas de derecho privado. El mismo artículo, reglamentado por el Decreto 777 de 1992, permite los denominados auxilios, pues en su segundo inciso dice: *"El Gobierno, en los niveles nacional, departamental, distrital y municipal podrá, con recursos de los respectivos presupuestos, celebrar contratos con entidades privadas sin ánimo de lucro y de reconocida idoneidad con el fin de impulsar programas y actividades de interés público acordes con el Plan Nacional y los planes seccionales de Desarrollo."*. Dicho de otra manera: ¡¡a papaya puesta, papaya comida!!

---

[3] Documento publicado en Portafolio. Agosto 21 de 2003.

A partir de esa "tronera" de la misma Constitución Política, se han fundado y alimentado una serie de organismos bajo el rótulo de Organismos No Gubernamentales, tales como fundaciones, corporaciones, asociaciones, etc. Todas estas entidades, por lo general, son promovidas por los mismos políticos, a quienes criticábamos, pero ahora más refinados. Finalmente, estas entidades "sinónimo de lucro", se han convertido en un "para-Estado", perciben y administran recursos públicos a los cuales recurren las administraciones públicas para evadir las normas de contratación administrativa.

Frente a esto, es preferible la propuesta del Departamento Nacional de Planeación, de repartir los recursos en audiencias públicas, sin importar que sea lo más arbitrario desde el punto de vista técnico y de administración eficiente, porque se quiere evitar que los recursos se sigan asignando a dedo, bajo el amparo de la legalidad. Aquí vale acotar que no todo lo que se presume legal es ético. Si es necesario contratar con estas entidades, debería hacerse mediante concursos públicos y con criterios de selección objetiva preestablecidos.

Se hace un llamado a las entidades de control fiscal y financiero, –bueno, antes que desaparezcan–, para realizar control y sobre todo el *de gestión* respectivo sobre los recursos públicos que se gastan por este medio. A propósito, vale decir que la Contraloría General de la República se está demorando en mostrar los resultados sobre la investigación por el uso de recursos públicos a través de los organismos internacionales como la OEI, SECAB, PNUD.

Para reflexionar, valdría la pena revisar nuestro sistema político y, en particular, la cultura del electorado, un poco contradictorio, pues por un lado votamos por los candidatos que prometen conseguir recursos para nuestras regiones o barrios y luego son criticados cuando hacen "lobby" en el mismo Congreso o ante los organismos del nivel ejecutivo nacional para conseguir lo prometido a sus electores. ¿El problema será entonces de los medios o de los fines?

Cordialmente,

HÉCTOR JULIO GARZÓN VIVAS

Ciencias Empresariales - **CENDA**

info@garzonvivasconsultoria.com

FRACASO DEL MODELO[4]

Las recientes cifras de desempleo, del crecimiento económico, de las desigualdades económicas y sociales, sólo demuestran un rotundo fracaso del modelo económico que por cerca de 15 años se ha practicado en Colombia. Es contradictorio que mientras la economía crece a más de 3,6%, se genera un desempleo de más de 4 puntos porcentuales. Por cierto, muy curioso que, en un solo trimestre, en pleno crecimiento económico –con una tasa del 4,5%– se genere tamaño desempleo. A muchos nos queda la duda de si la disminución del desempleo del 2003 era cierta. Otra prueba de que el modelo económico es "regresivo", es el crecimiento en los niveles de pobreza y de desequilibrio social cada vez más agudo.

Nos disputamos los primeros puestos dentro de las economías latinoamericanas, en donde más injusticias sociales se producen.

En Colombia podemos llegar a una conclusión: todo lo que se proponga en favor de los excluidos... finalmente, se convierte en el verdugo de esta clase social. Por ejemplo: la última reforma laboral; la Ley 100 de 1993; las últimas reformas

---

[4] Documento publicado en Portafolio. Marzo 15 de 2004.

tributarias inspiradas en la justicia social; entre otras "ayudas". Como alguien decía, hoy necesitamos menos seguridad democrática y más "seguridad social".

HÉCTOR JULIO GARZÓN VIVAS

info@garzonvivasconsultoria.com

NO AL RECORTE DE LAS TRANSFERENCIAS[5]

Como es sabido, las transferencias son los recursos que la Nación le traslada a las entidades territoriales, esto es: Departamentos, Distritos y Municipios, para que asuman los gastos a cargo de estas instancias del Estado.

Como ya es recurrente en nuestro país, debido al exagerado y nefasto centralismo que aún persiste, las autoridades del nivel nacional consideran que el déficit fiscal se debe a las transferencias que se hacen anualmente. Para 2005 se estiman en aproximadamente $15 billones.

Nada más equivocado que esta apreciación, pues desde que se inició el proceso de descentralización política y administrativa en 1985, y luego en la Constitución de 1991, se decretó acompañarlas con una descentralización fiscal.

Con ello se pretendía hacer que las responsabilidades de la Nación, en áreas de inversión social tales como educación, salud, saneamiento ambiental, cultura, recreación, deportes, entre otros, se fueran disminuyendo y que paralelamente los

---

[5] Documento publicado en Portafolio. Abril 27 de 2005.

departamentos y municipios las fueran asumiendo. Como dicen los abuelos: "la fiebre no está en las sábanas".

Lo que ha pasado es que la Nación ha disminuido relativamente sus responsabilidades y obligaciones, pero no ha querido soltar "el billete". ¿Será porque las autoridades del nivel nacional todavía consideran que el centralismo es la mejor de las situaciones en materia política, administrativa y fiscal?

Como ya se ha sostenido en otras ocasiones, en materia de transferencias, lo que hay que hacer es que la Nación disminuya sus pretensiones económicas y mejore sus mecanismos de control y evaluación de gestión sobre los recursos que transfiere. ¡¡Esto sí contribuiría efectivamente a consolidar una verdadera estrategia de paz!!

Cordialmente,

HÉCTOR JULIO GARZÓN VIVAS

Director área de ciencias empresariales

CORPORACIÓN DE EDUCACIÓN NACIONAL DE ADMINISTRACIÓN – CENDA

info@garzonvivasconsultoria.com

¿POR QUÉ TANTA CORRUPCIÓN?[6]

Aún sin entender a fondo la metodología aplicada por la Corporación Transparencia por Colombia, para llegar al cálculo del índice de riesgo de corrupción en las entidades públicas, comparto en gran medida las conclusiones que se están dando. Desde luego, todo ello se convierte en un motivo de preocupación.

La pregunta es ¿por qué tanta corrupción en nuestro país? ¿Por qué se ha deteriorado el índice que mide la corrupción, en un periodo en donde, al decir de muchos, está encabezado por una persona honesta y transparente y trabajadora como lo es el "Presidente"? Al menos, así lo han mostrado los medios de comunicación.

El país tiene formalmente una gran cantidad de entes de control tales como las contralorías, las procuradurías, las oficinas de control interno, la consejería anticorrupción y las mismas corporaciones de elección popular. Además, permanentemente se hacen pactos, foros; talleres de transparencia, audiencias de rendición de cuentas, entre

---

[6] Documento publicado en Portafolio. Mayo de 2005.

otros. Es decir, nos gastamos miles de millones de pesos en combatir la corrupción, pero de aquello nada. Por citar un ejemplo específico, desde el año 2002 se implementó un Sistema de Información para la vigilancia de la Contratación Estatal, SICE, el cual ha costado más de U$20 millones y los problemas en la contratación administrativa, en vez de disminuir, siguen aumentando. ¿Qué pasa entonces?

Da risa ver que se hacen campañas institucionales para combatir la trampa y la deshonestidad en aspectos como "robarse un huevo", pero pocón para mitigar la corrupción de cuello blanco. Por ejemplo, ¿qué se hace para reducir los niveles de corrupción que ocurren en los procesos de nombramiento en puestos públicos, en contrataciones, en la ejecución de las obras, en las negociaciones de los activos del sector público o en la ejecución de las transferencias? ¿Quién cuidará de los $5 billones que se pierden en promedio al año? Algo está fallando en esta sociedad y, en particular, con el sistema control.

En el sector público colombiano ocurren cosas contradictorias, por ejemplo, La Ley 80 de 1993, o estatuto de contratación, indica que la regla es la licitación o concurso público, pero lo que ocurre en la práctica es que este procedimiento es el que se convierte en la excepción y normalmente se recurre a la contratación directa. En este sentido, este gobierno promulgó el Decreto 2170 de 2002, para mejorar la transparencia en la contratación, ello porque el anterior implementó el denominado sistema Gobierno en Línea y ¿que sucedió….?

En mi opinión, lo que pasa es que nuestra sociedad, en su sector público y privado está carcomida por la falta de valores. Además, los ciudadanos no somos conscientes que la indiferencia también es un factor que alienta el fenómeno de la corrupción. De otro lado, el factor político cuenta mucho. En este caso, cuando un gobierno, como los tres últimos e incluido el presente, carecen de un respaldo de partidos políticos sólidos y en aras de lograr "mayor gobernabilidad" propician la corrupción. De paso sea dicho, nuestro sistema político es perverso por naturaleza.

En síntesis, ¿con qué cara y legitimidad saldrán el director de la DIAN y el Ministro de Hacienda, incluso hasta yo mismo como docente de finanzas públicas, a motivar a los ciudadanos para pagar impuestos? Esto les da un argumento más a los evasores. Aunque, desde luego, ese no es el mejor camino.

Qué tipo de responsabilidad le cabe al Presidente en estos resultados, pues al fin y al cabo él es el gerente del Estado. Si Ustedes recuerdan ésta es una de sus banderas dentro del denominado Manifiesto Democrático. En fin, ¿cómo se puede establecer este tipo de responsabilidad política en cada uno de los aspectos que relacionan hasta el mismo Estado?

Cordialmente,

HÉCTOR JULIO GARZÓN VIVAS

Director – área de ciencias empresariales

Corporación de Educación Nacional de Administración - CENDA

Magister en economía

info@garzonvivasconsultoria.com

VALORES

Esta parte de los documentos se han agrupado bajo el tema de valores porque hacen referencia a aquellos elementos de los principios y economía que deben recuperarse, particularmente dentro de la ética, la responsabilidad, la honestidad y otras formas que hablan de como encauzar las buenas prácticas dentro de la economía y la administración.

En este sentido, los documentos presentados se relacionan con la necesidad de hacer un rescate de la formación del sujeto, especialmente del economista debido a que algunos de los problemas que se presentan actualmente a nivel de la economía del país tienen que ver con esta defraudación y la mala práctica de algunas de estas personas.

¡¡¡SOBRA LA OFICINA ANTICORRUPCIÓN!!!

No es que en Colombia se haya acabado la corrupción, ni mucho menos. Lo que pasa es que, si se hace una lista de todos los entes y dependencias del Estado, creadas para combatirla, se observa que hace falta de verdad es que estas Instituciones sean más efectivos y no solo entes burocráticos que se la pasen investigando todo el tiempo, arrojando resultados bajos en condenas y mínimos en recuperación de los dineros públicos robados.

Observemos: existe la Contraloría General de la República, en la Fiscalía existe la Unidad de delitos contra el patrimonio público y, la Procuraduría, están todas las Oficinas de Control Interno, además de las revisorías fiscales para algunas entidades, las Comisiones de Moralización, entre otros entes de diferentes instituciones.

¡Mucha burocracia, pero de resultados efectivos muy poco! Por eso lo mejor es no continuar con otro ente como la Oficina Anticorrupción de la Presidencia de la República, sino verificar los procedimientos y las herramientas técnicas de las entidades que fueron creadas para ello y que deben funcionar. Además, una oficina de estas, que depende del ejecutivo, abre más expectativas que superan siempre su capacidad operativa.

De otro lado, reiteramos nuestra posición sobre que el problema no es la corrupción en sí. La corrupción es el resultado o producto de otros fenómenos de tipo moral, ético y político. Para decirlo de otra manera, es el tipo de valores que se han inculcado en los niños en el mismo seno familiar, en la escuela, en el colegio y en las universidades. La honestidad, la transparencia, en general, los cuales no se aprenden y practican con discursos filosóficos o con simples normas, sino que se logran a través del ejemplo. El problema es la ineficiencia del Estado.

Lo que debería exigirse entonces es mayor efectividad a los organismos ya creados. En buena hora renunció el mal llamado "zar" anticorrupción, con eso se puede ahorrar uno recursos.

Ahora bien, que tal poder incorporar ciertas técnicas de la psicología que se utilizan para determinar actitudes y competencias en la selección de todo personal del sector público, podrían generar mayores beneficios.

Cordialmente,

HÉCTOR JULIO GARZÓN VIVAS

LA CRISIS DE LOS CONTROLES, CRISIS DE LA ÉTICA

La corrupción nos cuesta mucho en términos económicos y sociales. Las fuentes más conservadoras hablan de cerca de $20 billones al año. Ni hablar de los costos en términos de vidas humanas y desarrollo, pues ningún sector, público o privado, escapa de este cáncer: Ejecutivo, Justicia, Legislativo, Salud, Infraestructura, Fuerzas Militares, Órganos de control, Autónomos, Empresa privada, Entidades sin ánimo de lucro.

Además de las pérdidas por corrupción, hay que citar las pérdidas por la "ineficiencia", que equivalen, más o menos, al triple de las pérdidas por aquella. Ambas, corrupción e ineficiencia, impiden que el Estado, en su sentido más amplio, cumpla su misión a cabalidad.

De cualquier manera, vale la pena aclarar que, no son las entidades o empresas las corruptas; son los seres humanos que trabajan allí. Por eso, no es válido criticar o condenar a las "organizaciones", sino a personas de carne y hueso, con nombre propio. Ahora bien, personas corruptas, hacen que la ciudadanía pierda la confianza en las organizaciones.

El asunto es tan escalofriante y de grandes dimensiones, a tal punto que se puede afirmar coloquialmente que la corrupción "nace, crece, se reproduce, muta, pero, no muere". Aunque, soy de los que piensa positivamente, que "no es inherente al ser humano"; es decir "el hombre nace bueno, pero la sociedad lo corrompe" –J. Rousseau–.

Si por la codicia –debilidad moral–, muchas personas son proclives a "ser corruptas", parte de la solución está ahí; es entonces, en el propio ser humano en quien hay que enfocar el esfuerzo. En todos los análisis sobre esta problemática se llega a determinar que la causa última, es la falta de valores y principios éticos.

Ahora bien, en nuestro país, como en todas las sociedades contemporáneas, existen muchos –y costosos– controles, tales como: El fiscal, interno de gestión, disciplinario, político, jurisdiccional, ciudadano… Los principales controles, se traducen en normas legales y, la ética social. Pero no hay duda de que todos han fallado.

Y el que ha fallado rotundamente, es el "control ético", que es del resorte interno e íntimo de la persona. Esto indica que fundamentalmente se falla en la selección y gestión de las personas en las organizaciones. Hay quienes concluyen entonces que los electores o nominadores, cuando eligen criminales, no son víctimas, son cómplices.

Por tanto, se deben implementar criterios y mecanismos de selección más rigurosos y objetivos, no basta con el "polígrafo" y/o un examen "técnico", como ya se ha visto, estos también fallan. Los procesos de meritocracia son los que deben predominar, no el clientelismo.

La meritocracia es inherente a la naturaleza; es lo orgánico. ¡Es lo ético!

Cordial saludo,

HÉCTOR JULIO GARZÓN VIVAS

Docente - Control interno y fiscal

Universidad INCCA

info@garzonvivasconsultoria.com
Bogotá D.C, julio 2017

ECONOMÍA

Los documentos que se integran a esta parte se relacionan directamente con un análisis que hace el autor, en este caso el doctor Héctor Julio Garzón Vivas, de algunas de las siguientes situaciones: históricas, didáctica de la economía y análisis de temas relacionados con algunos temas generales.

Teniendo en cuenta lo anterior, el autor habla de temas como agro ingreso seguro y manifiesta sus opiniones al respecto de esta situación que tantas implicaciones ha generado en la historia del país. Por otro lado, al hablar de la didáctica de la economía el lector se va a encontrar con algunas alternativas y pequeños ejercicios para desarrollar en aras de poder llevar una mejor economía. Finalmente, los temas generales hablan de la manera de tocar lo tendiente a conceptos y alternativas económicas que permiten una mejor comprensión de temas mucho más profundos, pero que en este sentido se hace de forma muy didáctica.

¿DISTRIBUCIÓN DE LA RIQUEZA O DEL CONOCIMIENTO?[7]

Por muchos años hemos escuchado que una de las principales causas de la situación social y de violencia de nuestro país es la inconveniente e inadecuada distribución de la riqueza –léase también ingreso–. Los informes del Banco Mundial y de Planeación Nacional, indican que al rededor del 60% de la población en Colombia está bajo la línea de la pobreza.

Hoy en día se está reflexionando a cerca que el conocimiento es la fuente de la riqueza de las naciones, en contrario a lo que profesaban, desde hace casi tres siglos, los economistas clásicos. En muchos textos sobre desarrollo social y económico se hace claridad sobre la necesidad de promover la generación y capitalización del conocimiento; han aflorado conceptos y necesidad de contabilizar el conocimiento. También se habla de human-ware, de la era del conocimiento, del capital humano, de la quinta disciplina, de organizaciones inteligentes, por citar solo algunos conceptos.

---

[7] Documento publicado en Portafolio. Marzo de 2002.

La pregunta es qué está haciendo nuestro país, en términos del sector público y privado para ingresar de lleno a estos procesos del mundo. Será que estamos esperando otros cincuenta años para que entendamos que es necesario fortalecer el sistema educativo, de investigación, de tecnología y de cultura para empezar a romper el ciclo vicioso de la pobreza y la dependencia.

Para quienes promueven la guerra, desde cualquier trinchera, la conclusión es clara: la revolución y la lucha no es por la redistribución equitativa de la riqueza; eso ya es arcaico e inconveniente. Se debe promover básica y efectivamente el acceso a la educación a toda la población. Con ello sí se logra democratizar la propiedad y el ingreso.

Un objetivo en este campo puede ser el de lograr subir los índices de escolaridad en nuestro país a diez (10) años, hoy anda alrededor de seis (6) años en promedio, en un plazo no mayor de diez o quince años. Para ello se necesita plata. Obvio. ¿Por qué no la sacamos de los recursos que estamos destinando para la guerra? Que tal "cogerle la flota" a quienes hoy proponen que el Banco de la República emita dinero para financiar la guerra, pero que la plata vaya mejor a la educación y la investigación.

Cordialmente,

Héctor Julio Garzón Vivas

Magister en Economía

RACIONALIZACIÓN EN LA GESTIÓN PÚBLICA

Teniendo en cuenta que se está liderando un proceso de racionalización del sector público, que entre otros aspectos debe incluir el Gasto público, me permito hacer las siguientes recomendaciones y sugerencias:

1. Eliminar toda posibilidad de asignar vehículo y teléfono celular a los funcionarios públicos. Es inconcebible que se paguen este tipo de lujos con cargo a nuestros impuestos. Además, se eliminaría, en el caso de los vehículos, una de las fuentes de corrupción y desperdicio. En promedio un vehículo con su conductor le cuesta al erario cerca de $4 millones y un celular $350 mil. Si se logra aprobar una disposición de estas nos ahorraríamos más de $40 mil millones al año.

Solo se podrá asignar vehículo por razones estrictas de seguridad a algunos representantes legales de las entidades de orden nacional.

De otro lado, ¿alguien ha cuantificado el valor de los gastos de viaje (viáticos y pasajes) de todas las entidades del Estado?. A parte de eso, si se han preocupado por estudiar el valor agregado de estos gastos para el Estado, ¿la economía y la sociedad? Seguramente no. En promedio, una comisión de orden nacional, de un funcionario público cuenta $1.5 millones. En este sentido: ¿Cuánto cuestan las comisiones de servicio al exterior, con la excusa de que estamos en un proceso de globalización?

Cuando digo Estado, me refiero tanto a las entidades de orden nacional, departamental, como distrital y municipal. Y bueno, técnicamente no debería ser lo mismo Estado que Sector Público.

2- En las clases de introducción a la economía aprendí que Inversión, es el incremento del capital (K) físico (máquinas, carreteras, vivienda, etc). Es increíble ver como con la aprobación del Departamento Nacional de Planeación -DNP-, la mayoría de la escasa inversión de nuestro país se invierte más en el pago de servicios personales y gastos generales de las entidades públicas. De esta manera, sumando, mal contados nos podemos ahorrar entre $1,5 a $2 billones.

3- El sistema tributario colombiano es de lo más ineficiente. Esto promueve la evasión, la elusión, el contrabando, entre otros. Por ejemplo, no hay derecho a que un ciudadano que, en promedio, para el caso colombiano no tiene más de 7 años de escolaridad, tenga que hacer un curso, casi del nivel de maestría, para liquidar sus tributos. De otro lado, el trato que le da el Estado (o mejor sus funcionarios), es de tercera categoría. Además, hay que hacer que la sociedad entienda que pagar impuestos es bueno para la economía; esto se logra dándole legitimidad a través del uso óptimo de los tributos. Es más, hay una abundancia de exenciones, que generalmente favorece a los grupos económicos y sociales más pudientes.

Las reformas tributarias no son solo para aumentar impuestos. Solo con hacer cumplir los principios de: Equidad, Eficiencia y Progresividad, consagrados en la Constitución Política, se pueden mejorar los ingresos del Estado.

4- La proporción de pérdida de recursos públicos, por concepto de ineficiencia, es del orden del 30% sobre el Presupuesto General de la Nación, esto es $19 billones de pesos al año. Mientras que por corrupción es del orden de $3 billones. Estos datos son tomados del Banco Mundial y Transparencia Internacional.

¿Cuántas veces en el sector público se contrata el suministro de un bien o servicio, cumpliendo con todas las normas fiscales, presupuestales, de contratación, pero pocas veces se evalúa la pertinencia de ese proceso? El nivel de desperdicio es monstruoso.

La experiencia nos ha probado que los sistemas y organizaciones ineficientes son presa de la corrupción. La recomendación es que debemos atacar la ineficiencia antes que la corrupción. La segunda es un subproducto de la primera.

5- Hay que seguir trabajando en la gestión pública por resultados. Por ejemplo, "cambiarle la cartilla" al DNP, al Ministerio de Hacienda, e incluso a la Contraloría General de la República, en cuanto a trabajar en la perspectiva de "resultados presupuestales" y "fiscalistas".

Se esperaba muchísimo más del Sistema Nacional de Evaluación de Resultados de la gestión pública, SINERGIA, implementado desde la misma Constitución Política de 1991. Ahora, ¿qué sistema de evaluación se va a utilizar? A este respecto se podría afirmar que es posible implementar un sistema de administración con base en las técnicas de valor económico agregado.

Cordialmente,

HÉCTOR JULIO GARZÓN VIVAS

Docente Universidad Libertadores

Bogotá D.C., mayo 19 de 2003

POLÍTICA Y DESARROLLO ECONÓMICO[8]

Contrario a lo que muchos piensan, los partidos en vez de desaparecer deben ser fortalecidos. Algunas reflexiones sobre este trascendental asunto son las siguientes:

El país necesita partidos políticos fuertes, entre otras, apartados de las prácticas corruptas. Los partidos y sus dirigentes deben dejar de ser aparatos o instrumentos electorales, quienes utilizan este proceso para aprovecharse de las necesidades de la comunidad y reclamar una falsa representación y ejercicio del poder.

El poder político no debe medirse por el poder burocrático. Debe medirse por su capacidad de aglutinación en torno a un objetivo o ideal. Debe ser basado en su capacidad ideológica y alto grado de compromiso con los verdaderos y sentidos problemas de la sociedad. Especialmente de los que son excluidos de los beneficios del conocimiento, la ciencia, del desarrollo tecnológico y del crecimiento económico.

---

[8] Documento publicado en Portafolio. Agosto 9 de 2004.

Esta época es propicia para una reflexión para el Partido Liberal. Pero: ¿cómo se puede y debe sobrevivir durante un "ayuno burocrático"?

En Colombia la denominada "trashumancia política" ha desdibujado el objetivo de los partidos y los ha convertido en blanco de la crítica, a la vez que se ha contribuido a la deslegitimación del mismo Estado. Se ha dado entonces un mensaje muy equivocado a la población y que poco bien le hace a la cultura política que están obligados a crear y fortalecer los dirigentes.

Las doctrinas, principios valores y filosofía política debe obedecer a una concepción del Estado y de su manejo. Esto debe servir para guiar a la opinión pública. Hasta ahora esto no ha sido así. El afán personal y de grupo ha primado sobre las formulaciones programáticas, los principios y las doctrinas.

Los partidos políticos deben legitimar los procesos de gobernabilidad y no como ocurre hoy en día, en donde la capacidad de gobierno está ligada a pactos generalmente "pegados con babas", que en vez de ayudar lo que hacen es confundir y propiciar la corrupción para mantener esos pactos. O si no miremos lo que está pasando en el actual gobierno con el proceso del referendo y con los debates a la reelección. En fin, se deben asumir unos costos bastante altos, a costillas de los de siempre y en beneficio de quienes han formado su empresa personal y familiar en torno el presupuesto público, en este caso de los grupos denominados *Rent-seekers*, entiéndase como "parásitos", siempre presentes en todos los organismos del sector público.

Se debe canalizar el liderazgo, y para ello las sociedades no deben seguir personas sino ideales. En este sentido, están muy equivocados quienes fomentan la conformación de "caudillismos" entorno a personas. Los "ismos" grupales deben desaparecer y abrir campo a la renovación, conformación y consolidación de partidos políticos y, sobre todo, convocar a la participación política.

Dentro de la concepción democrática del Estado los partidos políticos deben garantizar la sostenibilidad económica y social. Si esto no es así, ello hace que sucedan cosas como en nuestro país con los Planes de desarrollo, los cuales se confunden e implementen como planes de gobierno. En este sentido, un plan de desarrollo debe ser efectivamente coherente en el tiempo y eficaz para el logro de la misión del Estado, desde el punto de vista del desarrollo económico y social. Algunos equivocadamente venden la figura de la reelección como la solución mágica para dar continuidad a los proyectos. Parte del problema es que no se entiende la diferencia entre políticas de gobierno y políticas públicas o de Estado.

Los partidos políticos deben partir del hecho que deben estar aportando a la solución de problemas en un marco legal e institucional. Deben proponer soluciones compartidas a la sociedad, creadas a partir de sus propios valores e ideologías.

Por lo expresado, es que se propone que tanto los partidos como los demás individuos de la sociedad deban tener en cuenta la necesidad de tener partidos fuertes, estos deben ser pilares de la democracia. Esta es una condición del desarrollo económico y social.

Desde el punto de vista del crecimiento y la sostenibilidad económica, social y ambiental, a nadie le conviene los partidos políticos débiles y corruptos. Ni siquiera a los corruptos, porque con el tiempo estarán condenados a desaparecer.

Cordialmente,

HÉCTOR JULIO GARZÓN VIVAS

Asesor – Área de ciencias empresariales

CENDA

Bogotá D.C., agosto 9 de 2004

ASPECTOS DEL TRATADO DE LIBRE COMERCIO ENTRE COLOMBIA ESTADOS UNIDOS SU IMPACTO EN EL SECTOR AGRÍCOLA, LA PRODUCTIVIDAD Y EL EMPLEO

PRESENTADO POR:

HÉCTOR JULIO GARZÓN VIVAS

www.garzonvivasconsultoria.com

info@garzonvivasconsultoria.com

(Economista Industrial – Magíster en Economía)

BOGOTA D.C, COLOMBIA

MAYO 25 DE 2004

UNIVERSIDAD LIBRE DE COLOMBIA

FACULTAD DE CONTADURÍA

CONTENIDO

INTRODUCCIÓN

Un Tratado del Libre Comercio se enmarca en la teoría económica, específicamente en la denominada economía internacional. A su vez, esta teoría tiene sus bases fundamentales dentro de la teoría microeconómica, por tratarse de la asignación óptima de los recursos de un país.

Este trabajo presenta una breve reseña de los aspectos teóricos e históricos en los que se desarrollarán las negociaciones del Tratado de Libre Comercio, entre Colombia y Estados Unidos.

En primer término, se mencionan los principios que dan origen al intercambio entre países, haciendo un pequeño recuento de la intención de promover el libre comercio entre las naciones.

Luego se hace una presentación de los aspectos generales del tratado de Libre Comercio, con el fin de abordar los temas centrales de esta presentación temática como lo es el impacto de las negociaciones sobre el sector agrícola, el empleo y la productividad para Colombia.

Finalmente, se presentan las conclusiones y recomendaciones que deben tenerse en cuenta por parte de los negociadores colombianos, los gremios económicos, el gobierno y la población en general.

1- MARCO TEÓRICO

La economía internacional trata sobre las relaciones económicas entre los países: comercio internacional; flujo de capitales; intercambio de tecnología; flujo de factores de producción, entre otros aspectos.

Dentro del estudio de la economía internacional se encuentran temas como: la teoría del comercio internacional; la teoría de la política comercial; la balanza de pagos y los ajustes a la balanza de pagos.

Desde el siglo XVI, hasta mediados del siglo XVIII, fundamentados en la visión mercantilista del comercio, países como Inglaterra, España, Francia y Holanda, hacían grandes esfuerzos por vender más de sus bienes que los que le compraban al resto de países, bajo el convencimiento de que ello les garantizaba más riqueza. Esta riqueza se representaba en los pagos a sus mercancías, los cuales deberían ser en metales preciosos.

En el año 1776, Adam Smith, en su libro ***La Riqueza de la Naciones***, postulaba el principio de la *Ventaja absoluta* y el *Libre comercio*. El primer principio, consistía en que un país debería especializarse en la producción de aquellos bienes los cuales pudiera producir más eficientemente, que los que no pudiera producir de manera más eficiente. Así los países se beneficiarían mutuamente al lograr esta especialización. El segundo principio, el de libre comercio, garantizaría que se obtuvieran beneficios de flujo de intercambio de bienes entre países al evitar barreras en estas transacciones.

Posteriormente, a principios del siglo XIX, David Ricardo explicó la denominada *Ley de ventaja comparativa*, que consiste en que, si un país no tiene una ventaja absoluta, puede, sin embargo, producir bienes o servicios, en los cuales tenga una menor desventaja absoluta. Esto significaría que un país puede obtener beneficios del comercio internacional así no sea el más eficiente en producirlo. Y debe importar aquellos bienes en los cuales la desventaja absoluta sea mayor. Mediante este tipo de política el país optimizaría los beneficios del comercio internacional. Esta ventaja comparativa se obtiene gracias a los menores costos de oportunidad en los que incurre el país, es decir al aprovechar el mejor uso alternativo de sus factores de producción.

En el siglo XX, se incorpora el concepto de la ventaja competitiva[9], gracias al desarrollo y a la alta competencia dentro del comercio internacional. Este tipo de ventaja consiste en el conjunto de características que deben destacarse para un bien o servicio tales como: el precio; el

---

[9] Kotler; Philip y Armstrong Gary, en su libro Marketing, 2001: "Ventaja Competitiva: Ventaja sobre los competidores que se adquiere al ofrecer a los clientes mayor valor, ya sea bajando los precios u ofreciendo mayores beneficios que justifican precios más altos". Pp. 229

diseño; la localización; el sistema de entrega; el empaque; la marca; calidad; el uso de tecnología de punta; tecnología limpia, entre otros conceptos que son claves cuando el consumidor toma la decisión de comprar uno u otro bien.

El comercio internacional ha sido considerado como una de las fuentes del desarrollo económico, debido fundamentalmente al mejoramiento de la calidad de vida a partir de mejores productos y la mejor remuneración de los trabajadores que se puede obtener por la creciente demanda de los productos.

2- MARCO HISTÓRICO (ANTECEDENTES DE LA INTEGRACIÓN ECONÓMICA)

La Historia de la integración económica en el mundo es un fenómeno que lleva más de 140 años[10]. Sin embargo, se puede afirmar que el comercio se remonta desde mucho antes que se iniciara el registro formal del comercio internacional; desde los albores de los grandes

---

[10] El acuerdo o Tratado Cobden-Chevalier, en 1860, entre Francia e Inglaterra, inicia una carrera hacia el libre cambismo por parte de las naciones. En un principio, los acuerdos eran de carácter bilateral, pero en la medida que pasaba el tiempo se fue extendiendo a varios países al mismo tiempo. Al terminar la segunda guerra mundial se dio inicio a la construcción en firme del sistema económico internacional de nuestros días, con la creación de Fondo Monetario Internacional –FMI-; El Acuerdo General sobre Aranceles Aduaneros –GATT- y el Banco Internacional de Reconstrucción y Fomento –BIRF-.

descubrimientos, como la agricultura y la rueda, la sociedad humana se vio en la necesidad de realizar intercambio de mercancías.

El intercambio de bienes y servicios corresponde a una necesidad que le permite obtener a la sociedad los bienes y servicios que no puede producir o que le facilite salir de los excedentes de producción que obtiene.

El mundo ha experimentado varias fases de los procesos de integración, pasando desde los simples acuerdos bilaterales hasta llegar a las comunidades económicas, que implican una integración monetaria, fiscal, laboral, arancelaria, incluso de unificación de la moneda entre varios países.

Para el caso colombiano, las diferentes iniciativas de integración, tanto regionales como subregionales, han estado inicialmente encaminadas a lograr acuerdos comerciales con países cercanos y en algunos casos en la búsqueda de ayuda para sus productos con miras a mejorar las condiciones provocadas por los fenómenos del narcotráfico y de la violencia.

Específicamente, se ha profundizado el proceso de integración económica, como los Acuerdos de Complementación Económica con Chile y Argentina; los países miembros de la Comunidad Andina han adelantado la armonización del Arancel Externo Común acercándose en la configuración de una Unión Aduanera; el Tratado de Libre Comercio entre Colombia, Venezuela y México (G-3); el Acuerdo sobre Comercio y Cooperación Económica y Técnica con los países del CARICOM (Mercado Común del Caribe), los Acuerdos de Alcance Parcial con Panamá y Cuba, además, los avances obtenidos en las negociaciones de un Acuerdo de Libre Comercio entre Colombia, Venezuela y el Mercado Común Centroamericano y el Acuerdo de Complementación Económica que se adelanta entre la Comunidad Andina y el Mercosur (Argentina, Brasil, Paraguay y Uruguay). Y, más recientemente, el inicio de las negociaciones del Área de Libre Comercio para la Américas, ALCA.

Colombia exporta aproximadamente el 15% de su producción, equivalente a aproximadamente $13,5 mil millones de dólares. De esto, el 40% son exportaciones a los Estados Unidos, esto dice de la gran dependencia respecto de las ventas a este país.

3- ASPECTOS GENERALES DEL TRATADO DE LIBRE COMERCIO

Las negociaciones del Tratado del Libre comercio TLC entre Colombia y Estados Unidos abarcan principalmente los siguientes aspectos o capítulos:

- Bienes industriales
- Bienes agropecuarios
- Propiedad intelectual
- Servicios
- Inversión
- Compras del sector público
- Solución de controversias
- Política de competencia
- Asuntos laborales
- Medio ambiente

Las negociaciones iniciaron oficialmente el 18 de mayo de 2004, y se plantea que la duración de las negociaciones va por el término de 8 meses aproximadamente. Se espera que, para inicios del año 2005, después de haber realizado 8 rondas, se haya culminado el proceso de negociación, y entre en vigencia a partir de enero de 2006, luego de ser aprobado por el Congreso de cada uno de los países.

Existen grandes diferencias entre la economía de los EE.UU. y la colombiana, como se muestra en el siguiente cuadro:

COMPARATIVO ENTRE LA ECONOMÍA COLOMBIANA Y LA DE ESTADOS UNIDOS

INDICADOR	EEUU	COLOMBIA
PIB total (millones de dólares)	U$10.965.000	U$85.000
POBLACIÓN (millones de habitantes)	290	44
PIB$_{AGRÍCOLA}$ / PIB$_{TOTAL}$	3.02%	15%
INGRESO PER CÁPITA (dólares al año)	35.000	1.740
POBLACIÓN ECONÓMICAMENTE ACTIVA (millones)	137.6	9.5
TASA DE DESEMPLEO	5.7%	17.5%
ESCOLARIDAD (años)	16.0	7.03
ANALFABETISMO	4.5%	8.2%
ESPERANZA DE VIDA AL NACER (años)	74	68
TASA DE INTERES NOMINAL	9.2%	19.5%
TASA DE INFLACIÓN	2.3%	6.8%
EXPORTACIONES / PIB	18%	15.2
RESERVAS INTERNACIONALES (millones de dólares)	U$175.000	U$10.800
CARRETERAS (miles de kms)	6.286	162.5
VÍAS FÉRREAS (miles de kms)	222	1.9
AEROPUERTOS	834	40
INTERNET (miles de personas)	142.823	3.230
CELULARES (por cada mil personas)	443	43

FUENTE: Banco de la República; World Bank; Departamento Nacional de Planeación; Ministerio de Transporte.

Parte de las razones por las que los opositores al Tratado de Libre Comercio esgrimen para tratar de impedir este proceso, son las grandes diferencias en cuanto al tamaño, la estructura económica, la infraestructura física, la abismal diferencia en términos del uso y la propiedad de los avances tecnológicos.

Sin embargo, el país debe enfrentar no solamente a los productores norteamericanos, sino que, al entrar con bajos aranceles, implica competir con países como Chile, México, y otros de Centro América los cuales ya han firmado acuerdos de libre comercio con Estados Unidos.

4- IMPACTO EN EL SECTOR AGRÍCOLA

Uno de los aspectos más cruciales de las negociaciones del Tratado de Libre Comercio, es el sector agropecuario. Esto por las consabidas desventajas que tiene este sector, frente a su similar de los Estados Unidos.

No solo es la ayuda del gobierno norteamericano a sus productores del sector primario, que asciende anualmente a U$80 mil millones, sino a las trabas administrativas para la exportación de nuestros productos. Entre estos obstáculos están las medidas y controles fitosanitarios, que hacen que gran parte de la producción exportable agrícola de nuestro país no traspase las fronteras.

En este aspecto uno de los temas de mayor trascendencia es la denominada producción transgénica, dado el desarrollo que se tiene en los Estados Unidos sobre la manipulación genética de los productos agrícolas y sus altos niveles de productividad.

En el caso colombiano la producción del sector agrícola es el orden de15% medida sobre el Producto Interno Bruto -PIB, mientras que en los Estados Unidos representa cerca del 4%. En cierta forma es un indicador de los niveles de productividad del sector en cada país.

En el siguiente cuadro se muestra la cada vez menor participación porcentual del sector agrícola en la economía colombiana, mientras que para el año de 1950 significaba el 40% del PIB, para el año 2003 representa aproximadamente el 15%. Igualmente, la tasa de crecimiento promedio para el PIB total es del 4.1%, para el sector agropecuario es del 2,58%, lo que significa el poco dinamismo de este sector frente al sector industrial y de servicios:

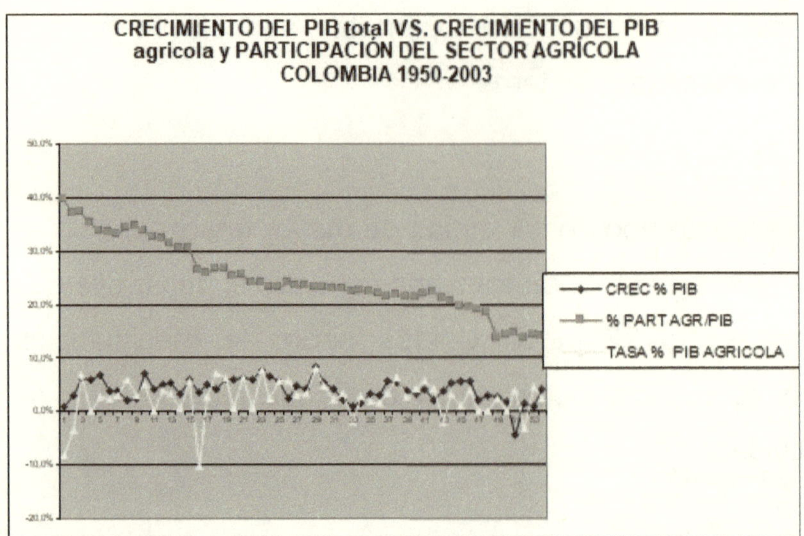

FUENTE: Banco de la República y Departamento Nacional de Planeación

Colombia vislumbra problemas en sectores como el algodón; el arroz; cereales; maíz, debido a los bajos niveles de productividad en estos sectores, en los cuales los Estados Unidos tienen fortalezas.

Así mismo, en el sector pecuario debe tener en cuenta la situación del sector avícola y pesquero, que posee relativas debilidades frente a los productores norteamericanos.

En este contexto aparecen algunos sectores con ciertas fortalezas que deben mantenerse o mejorarse, tal es el caso de las flores, el café, el azúcar, el banano y la carne.

En general, los principales problemas del sector agropecuario colombiano son:

- Los bajos niveles de productividad, como consecuencia de la baja aplicación en tecnología; tamaño de las unidades productivas no apropiado, predominio de los minifundios que no hacen viable la agricultura a gran escala.

- La violencia, que, desde hace aproximadamente 50 años, se ha radicado en el campo, lo que ha generado más de 1,5 millones de desplazados.

- Los altos niveles de pobreza, cerca del 75% de la población rural está por debajo de la línea de pobreza. Esto acompañado de los bajos niveles de escolaridad, en promedio de 4,5 años por habitante.

- La concentración de la propiedad; se calcula que en Colombia menos de 5% de la población posee el 65% de la tierra disponible.

- La endeble seguridad alimentaria del país, al carecer de suficiente producción para atender la demanda doméstica de alimentos.

- La falta de infraestructura en materia de carreteras, ríos navegables, puertos y aeropuertos que se conviertan en los canales para el flujo de comercio que se avecina tanto de entrada como de salida.

El país debe resolver estos problemas, y si bien no tiene otra salida que firmar un acuerdo comercial, lo debe hacer con mucha precaución procurando que la desgravación arancelaria sea gradual, de tal forma que pueda resolver paralelamente parte de las situaciones antes anotadas.

5- IMPACTO EN EL SECTOR LABORAL

El caso colombiano ha demostrado en los últimos tres años tasas de desempleo que superan el 15% en promedio al año. Además, ha presentado un deterioro en los ingresos per cápita, el cual ha pasado en 1997 de U$2.662 a U$1.740, en el 2003[11].

Uno de los aspectos que más se destaca de las negociaciones del Tratado del Libre Comercio es el de la generación de empleos y la mejora de los salarios. Las cifras más optimistas, que en este caso son las del Gobierno Nacional, indican que la meta es crear 180.000 empleos directos, según lo plantea el Departamento Nacional de Planeación -DNP; cifra muy pequeña frente a las necesidades del país. En este aspecto se debe ser más ambiciosos y

---

[11] Según estadísticas del Banco de la República de Colombia; cifras en dólares corrientes.

permitir que sectores como el turismo, la agroindustria, el sector agropecuario, la industria liviana, puedan generar un mayor número de empleos.

En cuanto al aumento de los ingresos de los trabajadores, se tienen como ejemplo negativo el caso de México en el cual durante la vigencia del NAFTA –Tratado de Libre Comercio de Norte América–, ha representado un deterioro en los ingresos reales de la población y la pauperización de la mano de obra mexicana que se ha convertido en el suministrador de mano de obra abundante a las grandes industrias norteamericanas.

De otra parte, existe el temor de las agremiaciones laborales por la flexibilización que se pueda generar en materia salarial y normativa, dentro del proceso de negociaciones, en detrimento de las garantías actuales.

Otro aspecto sobresaliente, es el relacionado con el nivel de educación entre cada país: mientras Colombia tiene un promedio de escolaridad del 7.3 años, EE.UU. tiene alrededor de 16 años. Este indicador pesa mucho al competir y marca mucho la diferencia en términos de los avances tecnológicos y la productividad.

Sin embargo, en medio de este proceso se puede plantear una oportunidad como es la de permitirse un flujo de la mano de obra calificada colombiana hacia los Estados Unidos en busca de mejor remuneración. Este tema debe ser tratado dentro de las negociaciones en cuanto a los flujos migratorios del recurso humano.

6- ASPECTO PRODUCTIVIDAD

De manera sencilla, se entiende por productividad la cantidad de producto por unidad de factor productivo utilizada[12].

Debido a los bajos niveles de tecnología que se han implementado en el país se puede afirmar que los niveles de productividad son bajos. Mientras que un norteamericano produce, en promedio, el equivalente de 30 a 35 mil dólares un colombiano produce escasamente 2 mil dólares al año.

Esto se debe a los pobres niveles de utilización de capital y, por ende, de tecnología hacen que la productividad del trabajo

---

[12] Desde el punto de vista económico la productividad se mide como la cantidad de producto adicional obtenida al utilizar una unidad más de factor productivo. Esto es PMgL = (dQ/dL)

sea baja, lo que no aseguraría una buena distribución de los ingresos que se puedan generar a partir del proceso de intercambio de productos.

Hay que hacer notar que, dadas las condiciones de la estructura productiva colombiana, como es el caso de tener una industria débil desde el punto de vista de tamaño y de diversificación, tendrá mayores problemas al enfrentarse a las empresas multinacionales norteamericanas que acaparan los grandes avances tecnológicos en el campo de la biotecnología, las comunicaciones y la electrónica.

Para mejorar los niveles de productividad y, por tanto, de competitividad de los productos colombianos, es preciso:

- La implementación de procesos de calidad en las empresas, sobre todo en las pequeñas y medianas.

- Una mayor capacitación tecnológica dirigida hacia las necesidades de personal calificado[13].

- Cambiar la mentalidad del empresario en el sentido que debe realizar mayor inversión en tecnología.

---

[13] El desarrollo tecnológico ha sido reconocido como uno de los determinantes del crecimiento económico de los países (Schumpeter, 1934)

- La innovación tecnológica[14] debe encausarse hacia el logro de cinco tipos de innovación: - Nuevos productos, - Nuevos procesos; - Nuevos mercadosG; - Nuevas fuentes de insumos y – Cambio en la estructura industrial de un sector.

- Concienciar a los productores que no solo se compite con precios. Colombia debe posicionarse como una nación que produce con calidad y con base en tecnologías limpias.

El Tratado de Libre Comercio es también una oportunidad para que el aparato productivo se apropie de la tecnología incorporada en los bienes de capital. Con ello puede mejorarse la productividad de la mano de obra. Desde luego esta incorporación de tecnología debe ser acorde con el tipo de proceso productivo, que permita realizar una equilibrada combinación entre mano de obra y capital, acorde con el entorno colombiano.

---

[14] En La Innovación Tecnológica en Colombia; Departamento Nacional de Planeación; 1998.

7- CONCLUSIONES Y RECOMENDACIONES

Como todas las actividades humanas, el proceso de negociación y la posterior implementación del Tratado de Libre Comercio, tiene ventajas y desventajas. Las siguientes conclusiones y recomendaciones deben ser tenidas en cuenta por parte de los negociadores, lo gremios económicos, el gobierno y en general toda la población colombiana:

1- Los problemas aquí enunciados deben ser expuestos y resueltos dentro del proceso de negociación. No se puede permitir que, por el afán de no quedarnos por fuera del proceso de integración, admitamos las condiciones de un país grande, que aproveche su posición dominante.

2- Colombia no puede simplemente seguir exportando bienes agrícolas *"recién bajados del árbol"*; le corresponde desarrollar procesos de agroindustrialización, que permita obtener un mayor valor agregado de sus productos agrícolas y por tanto mejorar los términos de intercambio de su producción.

3- Aprovechar su ubicación geográfica y astronómica para diversificar su producción. Además, para el caso del aprovechamiento de la mano de obra se debe aumentar el número de empresas donde se utilice de manera intensiva la mano de obra, en razón a su bajo costo relativo.

4- Además, debe potenciarse la posibilidad de obtener mejores condiciones para la importación de bienes de capital, que le permitan al país despegar por fin en materia de tecnología.

5- Los negociadores deben ser conscientes que, en materia agrícola de desgravación, debe ser gradual y equitativa, evitando producir fenómenos de *dumping* comercial. Debe utilizarse como argumento fuerte por parte de la comisión negociadora de Colombia que se compite además con los cultivos ilícitos lo que representa un mayor atractivo económico para las personas.

6- En materia de productividad se deben adelantar estrategias efectivas que le permitan en el menor tiempo posible instalar conocimientos tecnológicos para potenciar el capital humano disponible. Ello debe permitir el incremento en la productividad de la mano de obra, y al mismo tiempo mejorar los ingresos reales.

EL TAMAÑO DEL ESTADO[15]

El debate de si se requiere más Estado, es tan viejo como la misma sociedad. Aclarando que, en este caso, la acepción de Estado significa sector público. Sin embargo, no todo lo que es Estado es sector público, porque el Estado somos todos: población, sector público, territorio.

De otro lado, no es el tamaño lo que importa si no la calidad de sus acciones. O si no miren datos de las economías – participación del gasto público sobre el PIB–; en la mayoría de los países desarrollados esta cifra supera el 45%. Y esto debe ser así porque cuanto más crece y se desarrolla una economía, se generan más excedentes y, en este sentido, ¿qué otro agente económico, diferente del sector público, los puede gerenciar?

¡El asunto es que necesitamos un mejor sector público! Uno más eficiente; un sistema político no tan perverso que, en aras de proteger el interés colectivo, lo que hace es limitar las libertades individuales. En otras palabras, un sistema político que asegure y gravite sobre la estabilidad. En donde no se

---

[15] Documento publicado en Portafolio. Marzo 2 de 2005

confundan las políticas de un gobierno –o una persona– con las políticas y funciones del Estado. Un sector público, desde luego no paternalista, pero que fomente y cree las condiciones para que la economía sea continuamente productiva. Desde luego, se necesitan funcionarios públicos más éticos y productivos.

Lo que sí se puede afirmar es que definitivamente la forma como se organice el poder público y la estructura administrativa que se adopte es determinante sobre el desarrollo económico y social del país. En este caso lo recomendable, como desde hace varios años lo ha sustentado el actual Senador Rodrigo Rivera Salazar, es adoptar un sistema más descentralizado, preferiblemente de carácter federal, que de verdad estimule el crecimiento y desarrollo autónomo de todas y cada una de las regiones del país.

En este marco de ideas, muy seguramente lo que necesitamos es menos nación y más municipio.

Cordialmente,

HÉCTOR JULIO GARZÓN VIVAS

Docente – Finanzas Públicas

Universidad Libertadores

Magister en economía

LA MACROECONOMÍA Y EL BIENESTAR SOCIAL

Es muy difícil comprender lo que pasa en el bosque si se le está mirando por encima de los árboles. Tal vez por eso, cuando la economía de Colombia se encuentra bien, desde la perspectiva macroeconómica, no se alcanza a apreciar los problemas que aquejan a una gran parte de la población.

Problemas como el desempleo y subempleo golpean a cerca del 50% de la Población Económicamente Activa. Es por ello por lo que la miseria llega a más del 15% de la población total y, para ser más específicos, se encuentra que la concentración del conocimiento está en no más del 5% de la población colombiana, quien apenas llega a la educación superior.

Leyendo un documento del Departamento Nacional de Planeación -DNP-, sobre los resultados de la economía a abril del 2006, se concluye que la situación no puede ser mejor: tasas de interés bajas, tasa de inflación por debajo del 6%, el déficit fiscal del Sector Público Consolidado, casi igual a 0% y el crecimiento del Producto Interno Bruto con tasas por encima del 5%.

El documento igualmente afirma que la situación macroeconómica es sólida y sostenible. Bueno, en este sentido, hace menos de un mes, con el famoso "estornudo" de la economía China quedó planteada la evidencia de que la economía sigue siendo débil y, por tanto, vulnerable a los embates del exterior. Peor aun cuando se evidencian problemas de desindustrialización y de falta de seguridad alimentaria, incluso porque cuando la estructura económica endógena es raquítica.

En este mismo documento busqué las palabras "pobreza", "bienestar social", "calidad de vida", y el resultado fue cero…. ¿Será que una economía puede tener desarrollo sostenible si a pesar de los buenos resultados macroeconómicos las variables sociales se están deteriorando o, en el mejor de los casos, no avanzan como lo están haciendo los principales indicadores macro?

¡Algo así como la economía anda bien, pero la población no!

Cordialmente,

HÉCTOR JULIO GARZÓN VIVAS

Magister en economía

Docente Universidad Los Libertadores.

C.C. No. 10.117.910

Bogotá D.C., marzo 19 de 2007

Portafolio, marzo 27 de 2007

ENSEÑANZA DE LA MICROECONOMÍA PARA TODOS

RESUMEN:

Se presenta la microeconomía como una rama de la economía necesaria para todas las profesiones. Igualmente se hace una breve justificación sobre el tipo de metodologías que se deben utilizar para su enseñanza, las cuales deben ser acordes con las competencias que se pretenden lograr en los estudiantes.

LA MICROECONOMÍA: ¡¡¡Para todas las profesiones!!!

Al tener presente que la microeconomía[16], según lo propuesto por R. Pindyck y D. Rubinfeld, corresponde a la rama de la economía que se encarga de estudiar el comportamiento de los individuos o agentes económicos, es una asignatura que debe ser estudiada por prácticamente todas las profesiones, desde luego con diferentes niveles de intensidad teórica y de enfoque.

---

[16] Se recomienda revisar la definición de MICROECONOMÍA: *"Rama de la economía que se ocupa de la conducta de las unidades económicas individuales –consumidores, empresas, trabajadores e inversores- así como de los mercados que comprenden estas unidades"*. Pindyck Roberto y Rubinfeld Daniel, en Microeconomía, editorial Prentice hall, 5a. Edición, 2002.

Esto se debe a que todas las profesiones llevan intrínsecamente la obligación de atender las necesidades humanas, las que a su vez están relacionadas con las áreas del conocimiento. A todos los profesionales les compete e interesa cómo es que el individuo –consumidor– satisfaga sus necesidades; o cómo es que la empresa, en su respectiva disciplina se hace más efectiva en el mercado.

Es necesario que los programas contemplen los temas clásicos y contemporáneos sobre el comportamiento de los agentes. A título de ejemplo:

- El consumidor: las necesidades, las decisiones del consumo, la racionalidad y optimización en el comportamiento del consumo.
- La empresa: el proceso de producción, los costos, la optimización de la gestión empresarial.
- El mercado: que corresponde a la interactuación del consumidor (demanda) y la empresa (oferta), los tipos de mercado, sus características y su dinámica.
- El concepto de bienestar económico.
- El sector público, como agente que participa para regular, fiscalizar, facilitar el desarrollo y la estabilidad,

a través del presupuesto y de los impuestos; cómo incide su actividad sobre el consumidor y la empresa.

- El inversionista: agente que pretende optimizar sus excedentes financieros, sus decisiones de inversión en los sectores reales de la economía.

LAS COMPETENCIAS POR DESARROLLAR

Las diferentes metodologías estarán supeditadas al tipo de competencias[17] y habilidades que se pretendan desarrollar o despertar en los alumnos.

Por lo general, la enseñanza de la microeconomía permite desarrollar competencias como la habilidad para realizar los análisis, críticas, los argumentos mediante procesos racionales y lógicos, *sobre los comportamientos de los agentes económicos*.

Debe desarrollar habilidades para comprender y predecir el comportamiento de los agentes[18] económicos, de tal manera que le permita formular estrategias encaminadas a obtener

---

[17] Competencia: habilidad o capacidad para resolver problemas propios de una profesión disciplina académica.
[18] Pindick y Rubinfeld, Microeconomía, Editorial McGrawHill; 2003; p. 3

los mejores resultados bien sea como inversionista, empresa o consumidor.

Igualmente, su enseñanza permite generar destrezas y habilidades para **poder representar fenómenos económicos reales**, apoyados en los modelos matemáticos y conceptuales, tomando datos e información del entorno.

Como todas las materias, no se puede perder de vista la generación de competencias adecuadas que doten al alumno de capacidades que desarrollen sus aptitudes de <u>empleabilidad</u>, *entendida ésta como la capacidad de ocuparse en una actividad productiva, bien sea como empresario, consultor o empleado*.

LAS METODOLOGÍAS PEDAGÓGICAS MÁS APROPIADAS

Como se dejó planteado, las estrategias metodológicas dependerán de alguna manera dentro de la profesión en la cual se enmarque la microeconomía y desde luego del tipo de competencias, habilidades o destrezas que se pretendan alcanzar.

Para la enseñanza de la Microeconomía se recomienda la presentación de los conceptos básicos, hasta la realización de ejercicios prácticos o estudio de casos en donde se evidencie la aplicación de los conceptos e instrumentos técnicos respectivos, del lado del consumidor, la empresa, el mismo sector público e inversionistas.

De todas formas, no se pueden dejar de utilizar las siguientes:

- Las lecturas y consultas sobre conceptos teóricos.

- La realización de ejercicios aplicativos. Cuando se utilice el texto guía se deben adaptar al entorno económico de los estudiantes.

- El uso de talleres, asociados aspectos que sean familiares para los alumnos.

- El diseño y desarrollo de casos asociados al contexto económico sectorial, regional o nacional.

- Uso y construcción de tablas gráficos estadísticos, a partir de datos reales.

- Apoyarse en herramientas como la estadística, la geometría, el álgebra, el cálculo integral y diferencial, dependiendo de las necesidades y el nivel de profundización requerida para el curso y la profesión.

- Debe utilizarse, para el caso de los niveles básicos de la microeconomía, la investigación aplicada, como herramienta que coadyuve a instalar en los alumnos el conocimiento teórico mínimo. Para el caso de los niveles avanzados se podrá utilizar la investigación teórica, con el fin de avanzar sobre los límites del conocimiento en esta disciplina.

Estas metodologías se armonizarán con las actuales tecnologías de la información y las comunicaciones, TIC´s, tales como el internet, los blogs, aula virtual, chat, con la intensidad y forma si se trata de programas presenciales, semipresenciales o a distancia.

Referencias

- PINDICK, ROBERT S. y RUBINFELD, DANIEL L., Microeconomía, Prentice Hall, 5a. Edición, 2003

- Papeles de Ética, Economía y Dirección, N° 4, 1999. La formación en ética, economía y empresarial: Una clave para construir la ética cívica. Miguel J. Llofríu Terrasa; Fundación ETNOR; Universitat de Valencia.

Bogotá D.C, marzo de 2010.

LA "SALUD" DE LAS FINANZAS PÚBLICAS - COLOMBIA[19]

Las finanzas públicas colombianas adolecen de graves problemas crónicos que no han sido resueltos: sistema tributario "regresivo" –predominio de los impuestos indirectos sobre los directos–, el Gobierno Nacional Central genera un alto déficit como se muestra en los recientes informes del Gobierno –$20 billones–, altos niveles de exención tributaria –casi $7 billones al año–, cerca del 30% de evasión tributaria, elusión, un sistema tributario complejo tanto en normas, como por el alto número de tributos –Nacionales, Departamentales y Municipales–, gravísimos focos de corrupción –pérdidas de cerca de $8 billones al año–, pésima efectividad en la ejecución del gasto público –entre el 20 y 30% del presupuesto es gasto ineficiente–, gastos superfluos / burocracia y altos niveles de pago por servicio de la deuda.

Se evidencia la violación de principios, técnicos y constitucionales, como la igualdad, la eficiencia, "progresividad", neutralidad de un sistema tributario.

---

[19] Documento publicado en Portafolio. Abril 8 de 2010

Hay que revisar la proporción y efectividad del gasto en seguridad y defensa, revisar las políticas asistencialistas – Agro Ingreso Seguro, Familias en Acción, demás subsidios tanto de oferta como demanda–, además de disminuir las exenciones, combatir la evasión, reestructurar o refinanciar la deuda –interna, externa–, entre otros y, de fondo, como si no faltara nada hay que revisar todo el modelo económico.

En síntesis, es urgente implementar sistemas de "presupuesto y gestión por resultados".

Saludos.

HÉCTOR JULIO GARZÓN VIVAS

info@garzonvivasconsultoria.com

Portafolio.com

¡¡¡EL ÉXITO EN LAS FINANZAS PERSONALES!!!

93

RESUMEN: Se presentan, de manera didáctica, algunos conceptos claves de las finanzas personales, haciendo una analogía con las empresariales y citando consejos prácticos para cada una de las herramientas. ¡La aritmética básica nos pueda ayudar!

PALABRAS CLAVES: Finanzas, presupuesto, indicadores, ingresos, egresos, estados financieros, ahorro, inversión, metas, éxito, decisión.

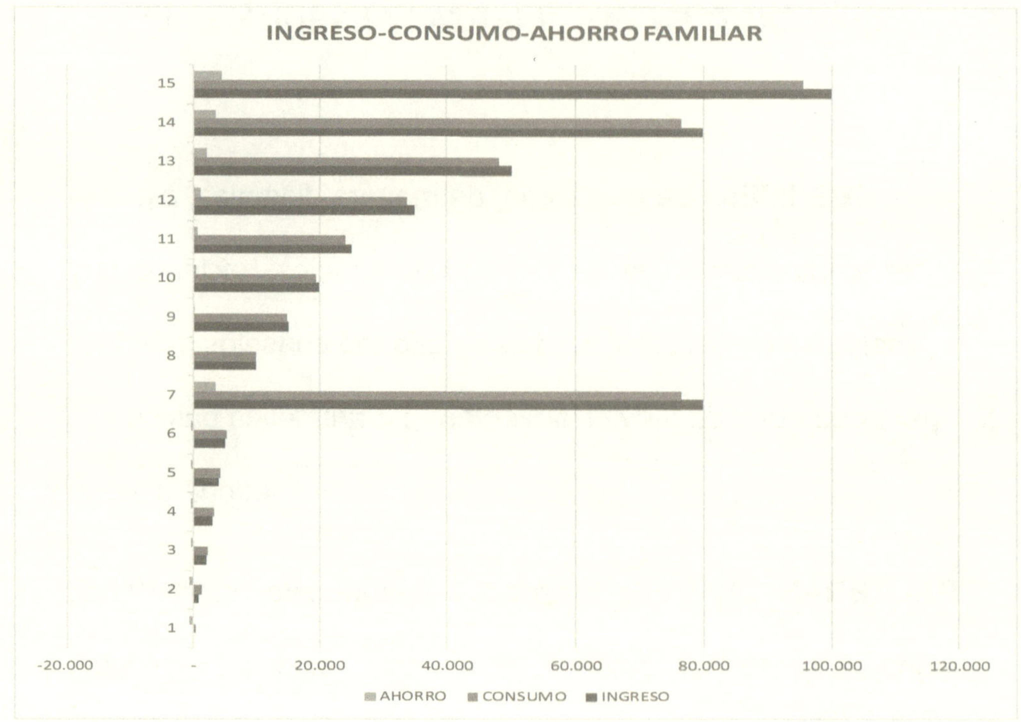

Según las cifras oficiales en Colombia, aproximadamente el 50% de la población está por debajo de la línea de pobreza. Aunque la forma de medir la pobreza siempre es discutible, puede decirse que una familia que tenga ingresos menores a cuatro (4) salarios mínimos legales, es decir $2.266.800,oo, está en condiciones de pobreza. Uno de los factores por los cuales se presenta esta situación es porque **no se tiene la adecuada educación o capacidad para administrar el dinero**.

Tal vez desde hace una década, como nunca, nos hemos preocupado por nuestras *finanzas personales*. Algunos con más conocimientos y éxito que otros. Hay quienes con "*éxito*" quieren decir "*no tener deudas*", otros se refieren "*poder comprar todo lo que les ofrece el mercado*".

Sin embargo, para ayudar a precisar, las *finanzas personales*, se asemejan a las finanzas empresariales. Es pertinente definir unos estados financieros: *Estado de Ingresos y Egresos*, *Balance General* y Flujo de caja, entre otros. Y una herramienta, que sin ser propiamente un "estado financiero", es fundamental para realizar la *planeación y el control,* y es lo que denominamos "*el Presupuesto*". Y así como en las finanzas empresariales, es pertinente definir unos indicadores o índices financieros.

Antes de proseguir, es pertinente aclarar que no se debe perder la perspectiva de otras dimensiones de la vida humana, al fin y al cabo, nuestro mundo no solo es "dinero"; incluso son más importantes. Hay aspectos más allá del dinero, como la vida personal y familiar, la salud física, vida social, religión, política, académica, valores éticos, etc. Los cuales no debemos pasar por alto, y, de paso sea dicho, deben estar en total armonía con la situación financiera. De otra manera, no se podría hablar de éxito.

UN PRESUPUESTO, ES LA CLAVE DE LA PLANEACIÓN Y EL CONTROL:

Un presupuesto, es una herramienta en donde registramos de manera realista nuestros ideales de vida. Es la cuantificación de cada uno de nuestros planes. Es importante realizarlo, y ojalá en familia. Concretamente corresponde a ***estimar de manera ordenada los ingresos y los gastos*** que esperamos tener durante un periodo de tiempo, mensual, trimestral o anual. Es importante porque a través del presupuesto permitimos que nuestros sueños se hagan realidad, así como nos permite evaluar y controlar los avances o no de estos propósitos.

Lo más importante es que cuando estemos haciendo el presupuesto, *es que este debe ser realista*. En el caso de los ingresos, tener en cuenta solo los que realmente estemos devengando. Para ello, es preferible subestimar los ingresos y sobreestimar los gastos.

EL ESTADO DE INGRESO Y EGRESOS:

Corresponde un registro estructurado de *Ingresos, Gastos y su Resultado*, realmente causados. Allí se registran las fuentes de financiación, que para el caso de una persona o familia corresponde a salarios, honorarios, arriendos, intereses, comisiones, entre otros. Se aconseja este ítem, se deben "maximizar", lo que va de acuerdo con nuestra edad, nivel de educación, estrato social, actividad económica.

Igualmente se recomienda que se debe tener una gama más o menos diversificada de ingresos. No depender solo de ingresos salariales. Debe lograrse la posibilidad de tener ingresos extras, pueden ser bajos, pero constantes. A manera de ejemplo: dictar clases, hacer trabajos manuales, ventas por catálogo, con inversiones pequeñas, en fin, dependiendo de la disponibilidad y del riesgo que se quiera asumir, se pueden mejorar las posibilidades.

Por el otro lado, están los **Egresos**, o dicho en términos empresariales, "las salidas". Corresponde a los pagos por gastos de alimentación, educación, vestuario, vivienda (arriendo o cuota hipotecaria), transporte, recreación. La lista de los egresos generalmente es más larga que la de los ingresos. Aquí se recomienda "minimizar", pero no tan literalmente. Nos referimos que los egresos deben ser realizados de manera racional y optimizarlos. En la empresa, en general, lo denominamos como "saber comprar"; es decir, adquirir los bienes y servicios con la mejor calidad y a los mejores precios.

Para realizar los registros, semestrales o anuales, debemos tener las facturas o recibos de cada una de las cosas que compremos o contratemos. Hay que sacarle, aunque sea, uno o dos días al año para el registro de estos pagos, así tenemos tiempo de reflexionar y tal vez responder una de las incógnitas más grandes del universo: ***¿hacia dónde va nuestro dinero***?

EL AHORRO E INVERSIÓN:

Como resultado de la diferencia entre ingresos y gastos, queda un saldo, a este le denominamos "ahorro". El ahorro, debe ser un propósito que se enmarque en un fin. Siempre debemos proponernos un objetivo ***"altruista"*** para este ahorro, este es uno de los motores fundamentales para materializar nuestros ideales y prosperar.

Esto debe convertir en una disciplina, y para ello hay que formar un hábito. Se recomienda, iniciar con 5% de los ingresos, para un periodo de un año; luego el 10%, y así sucesivamente hasta llegar al menos a un 30% de ahorro respecto de nuestro ingreso.

Es importante distinguir entre ahorro e inversión. Mientras que el ahorro es el saldo de nuestros ingresos que nos queda después de consumir; la inversión es el uso o aplicación de estos ahorros y que nos genere una determinada rentabilidad. ***¿Dónde, podemos invertir***?, pues es una pregunta un tanto compleja, pues no es suficiente tener saldos de efectivo o la intención para obtener una renta; es necesario tener un mínimo de conocimientos para ello. O en tal caso, tener la asesoría en este tema.

La recomendación importante para la meta de ahorro es que se debe tener en "caja", el equivalente de 3 o 6 veces los gastos de un mes. Esto es, si mis gastos –pagos por al mes arriendo, tarjetas de crédito, transporte, alimentación, impuestos, etc.–, son de $1.200.000,oo, lo recomendable es tener un saldo de $3.600.000,oo y $7.200.000,oo, para atender necesidades. Después de esta cifra, se pueden dedicar, los demás excedentes a hacer inversión real, por ejemplo, empresa, acciones, divisas, títulos.

EL BALANCE GENERAL:

Los Activos, son todos los bienes físicos que nos sirven para desarrollar nuestra vida, es decir, casa, vehículo, muebles, enseres, etc.

El Pasivo corresponde a las "deudas", como por ejemplo bancos, personas, proveedores, otros compromisos. Este, según los expertos empresariales, y por analogía no deben estar más allá del 60% de los activos. A manera de ejemplo, si sus activos ascienden a $10.000.000,oo, sus deudas no deben superar los $6.000.000,oo. Recuerde que las deudas necesariamente no son malas; lo malo es en qué dedicamos estos recursos.

El Patrimonio, es la diferencia aritmética entre el "activo" y el "pasivo". Para determinar el patrimonio que debe tenerse como meta mínima, hay una fórmula que un reconocido autor argentino ha establecido: Calcular cuáles son sus ingresos anuales, luego multiplicarlos por diez (10) y finalmente dividir este resultado entre 10. Ejemplo: Si una persona con 25 años tiene unos ingresos de $15 millones al año, el cálculo es: **(25 años X $15.000.000) / 10 = $37.500.000,oo**. Esto es, que su patrimonio mínimo debe ser de $37.500.000,oo.

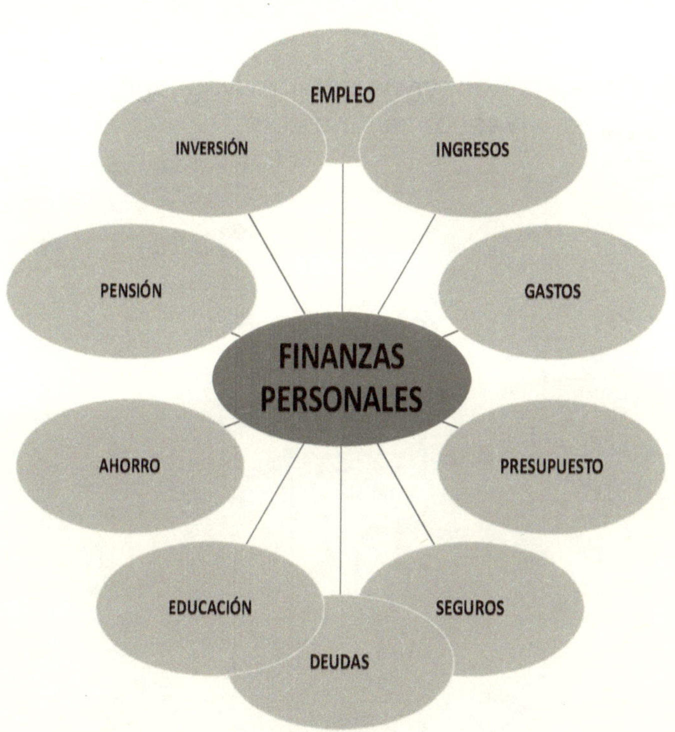

El éxito de las finanzas personales no tiene una fórmula mágica ni única; *lo más importante es tomar la decisión y actuar de manera disciplinada*. ¡Tener dinero no es suficiente para ser feliz!!!

Bogotá D.C., enero de 2012

Por HÉCTOR JULIO GARZÓN VIVAS, Economista Industrial, Magister en Economía, Docente Universitario. Fundador de GARZÓNVIVAS CONSULTORÍA SAS

Preguntas y Consultas en: www.garzonvivasconsultoria.com.
Email: info@garzonvivasconsultoria.com

PROYECTO: ¿AGRO, INGRESO SEGURO?

Indexado en <u>Globalización, Integración Internacional y Apertura Económica</u> - <u>Consulte todo el directorio temático</u>

El Gobierno Nacional ha radicado el Proyecto de Ley No. 24/06 en la Cámara "Por medio del cual se crea e implementa el programa "Agro, Ingreso Seguro - AIS.", con el cual se pretende otorgar $500 mil millones de ayuda a los sectores del agro que se vean perjudicados por la entrada en vigencia del Tratado de Libre Comercio entre Colombia y los Estados Unidos. Al respecto, vale la pena hacer algunas observaciones:

- Los subsidios a la oferta son peligrosos en cuanto generan e incentivan la pereza empresarial. Colombia ha tenido malas experiencias en los casos en los cuales se han utilizado este tipo de ayudas. Recordemos el caso del proteccionismo de las décadas de los 50/60 y 70. En donde se implementaron modelos desarrollistas con los cuales finalmente no se obtuvieron mejores situaciones empresariales y productivas.

- Igualmente, como se plantea la necesidad de hacer un esfuerzo por ver cuáles sectores de la economía se verán afectados por el TLC, debe plantearse además cuáles son los sectores que se van a ver beneficiados. Sería justo que estos aportaran a los que se perjudiquen. No es justo seguir con la política de "socializar las pérdidas y privatizar las utilidades".

- Si se aprueba este proyecto hay que revisar este apoyo a la luz del principio de igualdad. Además, no solo en el sector agropecuario se encuentran posibles perjudicados por el TLC y demás negociaciones internacionales. ¿Qué pasa con la industria? ¿Qué sucede con el sector de los servicios? Podría decirse que los representantes de estos sectores podrán solicitar apoyo como se le está planteando al sector agropecuario, pero con ello se abre una caja de Pandora y la lluvia de peticiones no podrá ser financiada con el presupuesto nacional.

- En consonancia con lo anterior, es preocupante que no se indiquen las fuentes de financiación, por ello se debe preguntar: ¿Cuáles son las fuentes de financiación de los recursos a aprobar?, ¿Se aumentará el déficit fiscal?, ¿Habrá más impuestos?, ¿Habrá crédito externo?, ¿Habrá crédito interno?

- De igual forma se debe preguntar sobre ¿cómo se blinda el proceso de adjudicación de estos recursos frente a los diferentes mecanismos de corrupción que abundan en nuestro país?, o ¿cómo se garantiza que efectivamente los recursos van a parar, de manera "justa y equitativa" a los que se perjudiquen? En Colombia es claro que más del 60% de los subsidios que entrega el sector público van a manos de quienes no los necesitan, empeorando las condiciones de concentración de la riqueza.

- El proyecto de ley, que seguramente será aprobado, debe ser más concreto en cuánto a cuáles son los indicadores que se exigirán para otorgar la asignación del apoyo y su posterior mantenimiento: ¿Cuál su volumen de producción?, ¿Cuál el empleo generado?, ¿Cuál el incremento en área Cultivada?, ¿Cuántas las exportaciones realizadas?

- Este apoyo hay que revisarlo frente al realizado por otras entidades y/o mecanismos crediticios de carácter públicos: Banco Agrario, Bancoldex y otras entidades bancarias.

- Lo más grave: ¿Cuál es el marco general de la política para el desarrollo agropecuario?, pues la verdad es que no ha dado resultado efectivo. En el año 2005 se dejaron de cultivar más de 200.000 hectáreas, además los problemas de pobreza en las áreas rurales son inmensos, pues de calcula que más del 70% de esta población es pobre. Por ejemplo, en este sentido cabe preguntarse: ¿qué se va a hacer para que problemas como la implementación de tecnología, el mercadeo, el costo de los insumos, y las semillas que son verdaderos problemas estructurales? Y ¿Cómo se resolverán estos problemas, como el de la infraestructura rural, que para nada son coyunturales?

En definitiva, la ayuda planteada es un pañito de agua tibia… o peor aún, es una limosna para extender la agonía del sector agropecuario.

Héctor Julio Garzón Vivas
Docente Universidad Libertadores
Economista Industrial
Magíster en Economía.

info@garzonvivasconsultoria.com

¿FRACASO DEL SICE?

El Sistema de Información para la vigilancia de la Contratación Estatal, SICE, es un mecanismo que según la Ley 598 de 2002, pretende acabar con uno de los focos de la corrupción en la contratación pública como lo son los famosos sobre precios en los bienes y servicios que compra el Estado.

En un reciente Seminario taller, organizado por la asociación Colombiana de Funcionarios de Manejo, ACOLFUMAN, celebrado el pasado 10 y 11 de marzo en Bogotá, al cual asistieron más de 120 personas de la administración nacional y regional, se evidenció el malestar que ha generado este instrumento que, en principio, como muchas cosas en nuestro país, se proyectó con un "noble" propósito.

Las sumas que el Estado colombiano, a través de la Contraloría General de la República, se han gastado en la implementación de este sistema cerca de U$23 millones, cifra que no es despreciable frente a las necesidades ingentes de nuestro país.

Las quejas en concreto son:

- Que la codificación utilizada en el Código Único de Bienes y Servicios, CUBS, no es tan único, y no tiene en cuenta otros códigos que se deben usar en los trámites administrativos, presupuestales y contables. Ni siquiera tiene que ver con el CIIU. Es algo así como en pleno siglo XXI, tratar de crearse otro lenguaje.

- El sistema técnicamente adolece de grandes fallas, desde el principio, pues parte de la base de pretender codificar cada uno de los bienes y servicios. Algo prácticamente imposible de hacer, dada la cantidad de bienes y servicios que hay en la economía, los cuales son susceptibles de ser comprados por el Estado. A la fecha, hay más de 1.5 millones de ítems, con grandes inconsistencias y este valor seguirá creciendo exponencialmente. No se necesita saber de mucha estadística para deducir que, según como está diseñado este sistema, el número de bienes y servicios, que se pretende codificar con este sistema, tendería a infinito.

- La estructuración del código no guarda las recomendaciones técnicas para el diseño de este tipo de sistemas de información, dificultando las labores administrativas. Esto es, las bases y reglas como se están estructurando los códigos, son gaseosas.

- La exigencia de que los participantes, llámense proponentes, deban imprimir el registro de cada uno de los ítems, aumenta los niveles de requisitos que se deban adjuntar. Hay una regla que dice "a mayor número de requisitos, mayor corrupción".

- Aunque el SICE, a través del RUPR, dice tener en cuenta algunos aspectos para la determinación de los precios, generalmente se presentan distorsiones.

- La falta de coordinación entre los entes territoriales de control y la misma CGR, han hecho que muchas entidades no tengan definido su ingreso al sistema y su obligación de cumplir con los requisitos establecidos en el sistema.

- La exigencia, según Resolución 5313 de 2002, de la CGR, de que las entidades deben elaborar el Plan de Compras entre el mes de marzo y el mes de junio de anterior a la vigencia, con contradicción de las normas presupuestales, que dicen que el Plan de Compras o de necesidades, debe formar parte del anteproyecto de gastos, el cual debe estar elaborado antes de 15 de marzo. Esto muestra parte de la incoherencia con otros elementos y entidades de la administración pública.

- El sistema se ha convertido en un generador de informes y trabajo administrativo adicional que, de por sí, es exagerado en las instituciones públicas y, sobre todo, no le genera valor agregado.

- Para los empresarios privados se ha convertido en un requisito más para poder contratar con el Estado, esto unido al sinnúmero de certificaciones que otras normas exigen y, a la larga, haciendo más costosos los mismos bienes y servicios que pretende abaratar.
- Se ha convertido en una serie de excepciones, pues para cada entidad según sus necesidades se le crea un código para los bienes.

Según lo anterior, se debe ver que el principio de economía en las normas de auditoría no se ha aplicado. El control, en este caso el SICE, con todos sus elementos, entre ellos el RUPR y el CUBS, son más costosos que los pretendidos beneficios que se quieren lograr. Este sistema, en vez de disminuir los costos de transacción, tanto para el sector público como privado, lo que está haciendo es aumentarlos.

El tema no es de menor importancia, pues por medio de este sistema se pretende mantener la vigilancia sobre la ejecución de más de $40 billones de pesos, que es el estimado de compras en bienes y servicios del sector público durante un año.

Además, me atrevo a asegurar que las compras del Estado no se están democratizando, pues la cantidad de requisitos y proceso que implica el SICE, para un empresario privado, en vez de motivarlo lo que hace es imponerle más obstáculos que ayudan finalmente a alejarlo de la participación en las convocatorias del Estado; puede decirse que este es el equivalente a las trabas administrativas en el comercio exterior.

Por todo lo anterior y con el buen ánimo de mejorar, la pregunta que nos hacemos es si ¿el SICE, acaso no está condenado a fracasar?

Cordialmente,

HÉCTOR JULIO GARZÓN VIVAS

Director – Área de ciencias empresariales – CENDA

Magister en Economía

info@garzonvivasconsultoria.com

SOBRE EL ESTADO

Los artículos relacionados en esta parte hablan no solo de la conformación del Estado y la manera en que este se concibe, sino que permite comprender algunas de las ideas sobre el mismo en cuanto al funcionamiento y la necesidad que existe de comprender profundamente como se relacionan algunas de las cosas que ocurren en él.

Si bien se podría pensar que algunos de los documentos tienen una parte crítica, la profundidad del tema se enfoca directamente en el análisis y la comprensión de qué es y cómo se desarrolla el Estado.

FISIOLOGÍA DEL ESTADO

Por estos días el director del DNP, ha argumentado que la reestructuración del Estado tiene como directriz "buscar un Estado menos barrigón y más cabezón", curioso símil un poco alegórico a la antigua escuela económica de los Fisiócratas del siglo XVIII. A todas luces este planteamiento quiere acentuar lo que por años se ha criticado al Estado colombiano en cuanto a que hay muchas entidades y funcionarios que mantienen planeando, analizando, evaluando y de ejecución poco. Si se sigue al pie de la letra la recomendación del DNP, podremos llegar a una "encefalitis aguda" imposible de curar.

En Colombia sobra gente en las entidades que mantiene 'pensando mucho y haciendo nada'. Si sumáramos el costo del personal que hay en del Departamento Nacional de Planeación, la oficinas de planeación de los Ministerios y demás entidades centralizadas y descentralizadas de orden nacional o territorial y si se suma todo el personal del nivel asesor de planta, más los contratistas que desarrollan "consultoría", eso sin contar los estudios contratados para elaborar proyectos o planes estratégicos, entre otros gastos, nos daremos cuenta de que ya tenemos el Estado cabezón que se pregona.

Con todo respeto, hay que decirle a Planeación Nacional y a quienes están trabajando en la reestructuración, que esta directriz hay que cambiarla y lo que debe buscarse es un Estado más ejecutor, en términos de infraestructura económica, social y de justicia; que logre mayor seguridad para la convivencia.

Por otro lado, la reestructuración del Estado, entre otras cosas, debe procurar la reubicación de ese personal que "piensa demasiado y no hace nada" y recortar el personal de contratos que desarrolla "consultorías" que consume en algunas entidades cerca del 20% de su presupuesto, y lo más grave, de inversión.

Bogotá, miércoles 22 de enero de 2003

HÉCTOR JULIO GARZÓN VIVAS

info@garzonvivasconsultoria.com

EVALUACIÓN DE RESULTADOS EN EL SECTOR PÚBLICO[20]

Uno de los problemas de nuestro sector público es que ha predominado, por muchos años, la denominada evaluación de "legalidad", "presupuestal" y "fiscal", y poco se tienen en cuenta los resultados obtenidos por su gestión.

Los entes encargados de la evaluación y control del Estado, vale decir Planeación Nacional y la Contraloría, poco han evolucionado sobre esta materia.

Por ejemplo, la mayoría de las veces las acciones del Estado cumplen con los requisitos legales, pero la efectividad, en términos de logro de la misión de este, es mínima o negativa. Por esta razón es que muchas veces la acción pública no produce "bienestar social", sino "malestar social". Se ha calculado, por ello, en un 30% del Presupuesto General de la Nación, el nivel de ineficiencia o desperdicio, esto es cerca de $19 billones al año.

---

[20] Documento publicado en Portafolio. Junio 3 de 2003.

Debe promoverse el cambio de las herramientas, técnicas y las metodologías de evaluación. Es necesario masificar, asimilar y aplicar los conceptos de rentabilidad económica, rentabilidad social, valor agregado, entre otros, para lograr mejoría en este aspecto.

La acción del Estado debe medirse por las economías externas, para que generen, de manera justa y equitativa, a todos los agentes económicos y no por la cantidad de presupuesto ejecutado.

Vale la pena exigir el cambio de paradigma a quienes realizan la gestión y a quienes la evalúan.

Cordialmente,

HÉCTOR JULIO GARZÓN VIVAS

Docente – Universidad Libertadores

info@garzonvivasconsultoria.com

DE OTROS PRIVILEGIOS EN EL ESTADO[21]

A propósito de la reflexión acerca de la liquidación y privatización de las empresas públicas, no solo debe tocar a los aspectos laborales. En esta materia debería proponerse y aprobarse un solo régimen salarial para todas las entidades y empresas estatales.

Además, hay que eliminar los privilegios que tienen ciertos funcionarios, que entre otros beneficios tienen vehículo asignado, teléfono celular, viáticos, pasajes, gastos de alimentación, hasta asistentes o mal llamados "asesores". Algunas de estas cosas con una alta propensión o visos de corrupción.

Así como no estamos de acuerdo con que los sindicalistas obtengan grandes ventajas como casa, carro, beca y excesivas prestaciones, por cuenta del erario, debemos exigir mayores ahorros en otras áreas. Entre otros, hay que exigir más productividad tanto a directivos como a los empleados de los demás niveles.

---

[21] Documento publicado en Portafolio. Junio 19 de 2003.

Esta época de reestructuración del Estado es propicia para eliminar de un solo tajo todos estos lujos que los colombianos no debemos continuar sosteniendo. Estos lujos seguramente se deben a la rendición de un "culto a los personajes" que campea en todas las esferas de lo público. El Estado colombiano necesita menos personajes y más empleados honestos y productivos.

Cordialmente,

Héctor Julio Garzón Vivas

Magister en economía

info@garzonvivasconsultoria.com

¡¡LOS ESTADOS SÍ SE QUIEBRAN!![22]

La situación de las finanzas públicas colombianas definitivamente es grave. Durante mucho tiempo se han utilizado remedios, que bien pueden llamarse "pañitos de agua tibia", los cuales en nada han corregido los problemas estructurales.

Es increíble que casi el 30% del Presupuesto General de la Nación, año tras año, se tuviera que financiar con deuda. Es increíble que solo se hable de déficit fiscal en términos de su desfinanciamiento de caja y no realmente del faltante total, para atender necesidades reales. No se concibe como un Ministro de Hacienda pasa la mayor parte del tiempo, "arrodillado", frente a los organismos financieros internacionales, consiguiendo recursos prestados, en cambio de estar formulando e implementando proyectos que sirvan para aumentar los recaudos y el ingreso de los recursos propios de la Nación o, mejor aún, ocupando su tiempo en propuestas para que la economía crezca de verdad.

---

[22] Documento publicado en Portafolio. Julio 25 de 2003.

Endeudarse es fácil, si se le compara con las maromas y sacrificios que hay que hacer para pagar. ¿Se necesitan más ejemplos? Miremos los casos de américa latina, en donde si seguimos como vamos, la deuda del sector público, como popularmente se dice, va a ser realmente "eterna". A esto se suma la deuda por pasivos contingentes y no contingentes, endeudamiento con proveedores, en títulos TES, con los organismos financieros internacionales, etc, etc.

Nuestro Estado colombiano, bien parece un papá irresponsable, que siempre se está endeudando para financiar los gastos diarios de la casa y poco se preocupa por producir mayor valor agregado y obtener ingresos frescos. ¡¡¡Ah!!!... pero el carro de lujo hay que mantenerlo.

Es deseable que algún día un Ministro de Hacienda y otros funcionarios del gobierno no se jacten en decir "que la economía está blindada", o que "nos han aprobado un crédito jumbo o challenger", como si endeudarse fuera bueno, como ocurre en el caso colombiano para pagar los gastos de sostenimiento.

Porque comúnmente se dice "que los Estados no se quiebran", pero al final ese es otro sofisma **¡*Los Estados sí se quiebran!*** Lo que pasa es que la declaratoria oficial no se hace. Qué empresa resiste pasivos 3 o 4 veces mayores que los activos, cuando siempre hay déficit de caja; cuando casi el 40% de los gastos anuales son para cubrir la deuda, cuando la generación de sus ingresos a duras penas iguala sus obligaciones de corto plazo..... En fin, en el caso de los países, en cambio, se decreta un endeudamiento e hipoteca perpetuos.

Cordialmente,

HÉCTOR JULIO GARZÓN VIVAS

Área de Ciencias Empresariales - CENDA

info@garzonvivasconsultoria.com

MÁS MUNICIPIO, MENOS NACIÓN[23]

Otra vez vuelve al debate el tema de las transferencias de recursos de la nación a los entes territoriales. Para el año 2003 ascienden a aproximadamente 14 billones de pesos.

Hay quienes afirman que gran parte de la culpa del déficit fiscal del nivel central nacional, se debe a los altos niveles de las transferencias decretados por la Constitución Política. Esta afirmación es un argumento débil, algo así como una cortina de humo de quienes pretenden disminuirlas.

Lo recomendable es que, en la medida en que en se va aumentando el nivel de transferencias, se debe disminuir el nivel de responsabilidad y, por tanto, el tamaño del nivel nacional, lo cual es cuestión de aritmética. De otro lado, parte de la preocupación de quienes argumentan que las transferencias contribuyen al déficit fiscal, es porque se debe analizar que las mismas no han permitido atender las necesidades que de conformidad con las normas deben cubrir. Se han mal gastado o han sido presa de las manos

---

corruptas, y lo que cuantitativamente es más grave, no se han ejecutado con efectividad.

Disminuir las transferencias o, en general, los recursos o ayudas que la nación debe otorgar a los municipios y departamentos es lo más retrógrado desde el punto de vista de la evolución del Estado. En otros términos, es volver al centralismo exagerado y que tanto ha perjudicado el desarrollo de este y otros países en vías de desarrollo.

Hay que disminuir los niveles de concentración de poder en la nación. ¿No será que con esto también se propone robustecer el poder del ejecutivo nacional, con mayores transferencias sobre los recursos territoriales? Quienes en el gobierno nacional tienen ambiciones de 'emperadores romanoides', deben reflexionar sobre ese modelo y recordar que nuestro país ya pasó por eso y, por cierto, le fue muy mal. La concentración del poder propicia con mayor facilidad los fenómenos de la corrupción e ineficiencia.

¡¡Claro…!!, los recursos deben ser aplicados con pulcritud y efectividad, para que permitan lograr sostenibilidad y desarrollo económico. Para ello, la nación debe contribuir con establecer y hacer cumplir políticas que guíen la ejecución y supervisión de ese gasto. El desperdicio anual de más del 30% de los recursos públicos debe disminuirse, adicionalmente se debe recuperar el 6% del Presupuesto General de la Nación que se pierden por corrupción. Esto porque el país necesita menos nación y más municipio, pero no en términos de burocracia. Lo que se propone es modificar o mejorar los modelos de gestión y los indicadores agregados o macros –lo nacional, internacional, lo global, lo general–, a partir de los cambios de lo micro –lo local, lo individual, cotidiano–. Para lograr el mejoramiento de estos modelos se necesitan más recursos, acompañados también de modelos y prácticas de gestión pública productiva, moderna, transparente y efectiva.

Por último, unas reflexiones seudoexistencialistas: ¿los ciudadanos viven en el municipio, o en la nación? ¿La nación es un concepto, una entelequia? ¿el municipio es una realidad? Según esto, ¿para un "paisano", ¿qué es lo cotidiano, lo local o lo nacional? ¿Y para los que dicen ser neoliberales: la globalización es una opción?

¡Los municipios son los que hacen la nación! Por lo tanto, lo que se debe hacer es fortalecerlos, no lo contrario.

HÉCTOR JULIO GARZÓN VIVAS

Economista industrial

Magister en economía

¡¡¡DESIGUALDAD DEMOCRÁTICA!!![24]

A propósito del empantanamiento de las economías latinoamericanas, el caso colombiano y el brasilero son de los más alarmantes, por cuanto la concentración de la riqueza, la injusticia social y los abrumadores índices de pobreza, comparados con el relativo crecimiento económico, rayan con el sadomasoquismo social.

En el caso colombiano, ni el gobierno y mucho menos el sector privado, pueden estar tranquilos o dejarse deslumbrar por el crecimiento económico, los bajos niveles de las tasas de interés o de inflación, cuando existe subempleo del 35%, es decir de más de 3 millones de desempleados; se cierran hospitales y, según los últimos informes de Fenalco, la población debe disminuir el consumo de alimentos para poder sobrevivir.

El problema de fondo no es el crecimiento económico, sino cómo se está distribuyendo ese poco crecimiento. Es también cómo se está dando participación a todos los estamentos

---

[24] Documento publicado en Portafolio. Julio 30 de 2004.

sociales en los beneficios de mayores ingresos. ¡¡¡El asunto es de ética social!!!

Por ejemplo, la mal llamada "política de seguridad democrática", infortunadamente favorece a los que más tienen a costa de los que menos. Mientras se brinda seguridad para la producción y la inversión, con fundamento en un abusivo "desarrollismo", se descuidan los compromisos sociales que de verdad si brindan "SEGURIDAD" en el largo plazo. El actual modelo económico está practicando lo de Robin Hood, pero al revés: "quitarles a los pobres para darle a los ricos"

Colombia actualmente está logrando su estabilidad –seguridad democrática, en palabras del gobierno–, en el corto plazo, a costa de la estabilidad social y económica del largo plazo. Prueba de ello son cada vez las más profundas desigualdades sociales del país.

El problema entonces se debe resolver con educación que permita mejor distribución de la tecnología y del conocimiento; con la incorporación al proceso económico de los excluidos; con salarios más justos y con mejor infraestructura social y física; con más inversión en investigación. Ello requiere un verdadero liderazgo desde el gobierno y el sector social y productivo.

Cordialmente,

HÉCTOR JULIO GARZÓN VIVAS

Docente Universidad los Libertadores

Magister en economía

EL TAMAÑO DEL ESTADO[25]

El debate de si se requiere más estado, es tan viejo como la misma sociedad. Aclarando que en este caso la acepción de Estado significa sector público. No todo lo que es Estado es sector público. El Estado somos todos: población, sector público, territorio.

No es el tamaño, lo que importa si no la calidad de sus acciones. O si no miren datos de las economías –participación del gasto público sobre el PIB–; en la mayoría de los países desarrollados esta cifra supera el 45%. Por cierto, esto debe ser así porque cuanto más crece y se desarrolla una economía, se generan más excedentes y ¿qué otro agente económico diferente del sector público los puede gerenciar?

¡El asunto es que necesitamos un mejor sector público! Se requiere de uno más eficiente, de un sistema político no tan perverso que, en aras de proteger el interés colectivo, lo que hace es limitar las libertades individuales. Un sistema político que asegure y gravite sobre la estabilidad, en donde no se

---

[25] Documento publicado en Portafolio. Marzo 2 de 2005.

confundan las políticas de un gobierno –o una persona– con las políticas y funciones del Estado. Un sector público, desde luego no paternalista, pero que fomente y cree las condiciones para que la economía sea continuamente productiva. Desde luego, se necesitan funcionarios públicos más éticos y productivos.

Lo que sí se puede afirmar es que definitivamente la forma como se organice el poder público y la estructura administrativa que se adopte es determinante sobre el desarrollo económico y social del país. En este caso, lo recomendable, como desde hace varios años lo ha sustentado el actual Senador Rodrigo Rivera Salazar, es adoptar un sistema más descentralizado, preferiblemente de carácter federal, que de verdad estimule el crecimiento y desarrollo autónomo de todas y cada una de las regiones del país.

En este marco de ideas, muy seguramente lo que necesitamos es menos nación y más municipio.

Cordialmente,

HÉCTOR JULIO GARZÓN VIVAS

Docente – Finanzas Públicas

Universidad Libertadores

Magister en economía

SOBRE LA DESIGUALDAD EN COLOMBIA[26]

En varias ocasiones se ha insistido en que para que haya desarrollo social y económico no es suficiente el crecimiento. Es necesario que ese crecimiento sea distribuido equitativamente.

No basta con proponer e implementar un modelo económico, además es necesario adoptar un nuevo modelo político, social y tributario. Así mismo una nueva estructura del Estado que elimine todos los elementos regresivos que predominan en nuestro país.

Claro que no es fácil. Sin embargo, sí se facilitaría este propósito si existieran puntos de convergencia colectivos que le dieran fuerza y contundencia.

Colombia, en los últimos cincuenta años o más, ha obtenido tasas de crecimiento en promedio cercanas al 4%, pero los niveles de inequidad continúan y peor aún se siguen

---

[26] Documento publicado en Portafolio. Marzo 6 de 2006.

acentuando. ¡Si de crecimiento económico se tratará, ya seríamos un país desarrollado!

Colombia, y en general América Latina, no resisten más teorías y modelos desarrollistas que insisten en darle preponderancia al crecimiento económico y no a las metas en el mejoramiento de la calidad de vida. No se puede esperar más.

HÉCTOR JULIO GARZÓN VIVAS

Docente Universidad Libertadores

Magister en economía

CULTURA Y EDUCACIÓN

Los artículos de este acápite se relacionan con algunas observaciones que el autor ha hecho sobre cómo se debe comportar el economista, en este sentido se hacen observaciones relacionadas con el comportamiento ético que debe tener un economista para poder llevar a cabo un buen desempeño en esta área.

Por otro lado, la forma en que debe prepararse el economista es un buen punto que el autor analiza y comprende la necesidad manifiesta, la cual se da en el sentido de realizar un buen comportamiento, tendiendo a buscar una mejor opción en el manejo de los recursos del mismo Estado.

RENTABILIDAD, VALORES Y ÉTICA[27]

Definitivamente hay que hacer que los empresarios, así como la sociedad en general comprendan que los valores, entendidos como principios, cualidades o virtudes éticos y morales, son más rentables que las acciones, los bonos, los CDT´s.

Es curioso, pero es de sentido común que nosotros, los seres humanos, admiremos y nos acerquemos a las organizaciones y personas que de verdad practican los valores. En general, sentimos "simpatía" por ésta empresas.

Sobre el tema se podría plantear lo siguiente: ¿Usted le seguiría comprando un bien o servicio a una empresa que maltrata a los trabajadores, o cuando sus productos son de mala calidad por obtener mayor rentabilidad financiera o, incluso, cuando la empresa pertenece a una organización delictiva? ¿Incluso cuando se encuentra que la empresa contamina el ambiente? Por lo menos, muy seguramente pensamos que no volveríamos a comprar allí.

---

[27] Documento publicado en Portafolio. Mayo 8 de 2003.

En este sentido se afirma que los valores no son el simple cumplimiento de las normas legales. Hay que resaltar que a veces nos escudamos en el cumplimiento de los aspectos legales, pero dejamos de lado la ética. Ojalá entendamos esto pues, en lo posible debe predominar la ética sobre lo legal.

La supervivencia a largo plazo de una empresa, y por tanto su valor en el mercado, está más que garantizada, si se practican los valores como guías permanentes en los procesos y áreas financiera, productiva, de administración de recurso humano y de mercados.

Sobre el tema y principalmente valores como la honestidad y el compromiso social deben incentivarse y predominar.

Se podría intentar cuantificar cual es el impacto de la práctica de los valores y la ética sobre la imagen y los estados financieros de las empresas, para demostrar lo planteado.

Cordialmente,

HÉCTOR JULIO GARZÓN VIVAS

www.garzonvivasconsultoria.com

www.garzonvivasconsultoria.com

EDUCACIÓN SUPERIOR SUBSIDIADA[28]

Con satisfacción se registra el gran esfuerzo que está haciendo el Gobierno Nacional, a través del ICETEX, que, con recursos del presupuesto nacional y crédito del Banco Mundial, está promoviendo a través del crédito, el acceso a la educación superior a los jóvenes.

Hasta ahora no más del 3% de los jóvenes en edad de acceder a la educación técnica, tecnológica o profesional, terminan sus estudios, en la mayoría de los casos por razones económicas.

Lo mejor de esto es que para los estratos sociales I y II se otorga un subsidio de hasta el 25% del valor de los estudios. El crédito se paga al terminar los estudios.

Esta estrategia es clave para acentuar el proceso de desarrollo técnico y científico que requiere el sector productivo de nuestro país, para no continuar rezagados en el proceso de globalización. Además de hacer un esfuerzo, aunque

---

[28] Documento publicado en Portafolio. Julio 24 de 2003.

todavía pequeño, hacia una redistribución del conocimiento para lograr mejor equidad social y económica, que tanto se necesitan.

Cordialmente,

HÉCTOR JULIO GARZÓN VIVAS

Área de Ciencias Empresariales

Corporación de Educación Nacional de Administración – CENDA

PARA MEJORAR LA EDUCACIÓN

Señor Director:

A cerca de su editorial del día 11/04/07, ¿qué propone Usted para mejorar la educación en Colombia?, me permito, de mi parte, proponer adicionalmente a lo que se plantea en su editorial, que se debe lograr que los docentes, especialmente los de educación básica y media –primaria y secundaria– impartan conocimientos que tengan un sentido práctico y en el marco de la consolidación de los valores en los alumnos.

Es aterrador ver cómo los alumnos de educación superior no usan los conocimientos que obtuvieron en los anteriores dos niveles educativos, a tal punto que se les dificulta hacer una aplicación de estos. Igualmente, si los docentes se esfuerzan por mostrarles a los alumnos lo útiles que son los conceptos y/o procedimientos académicos vistos en estas etapas de formación, se contribuiría a disminuir la deserción en la educación superior, por cuanto los alumnos estarían mejor motivados y orientados a estudiar las carreras que hayan seleccionado. Esto también implica un cambio del enfoque "academicista" hacia un enfoque de "formación por competencias", de lo cual aún falta mucho en Colombia.

Así mismo, es importante que se tenga en cuenta que durante estas etapas de la vida de una persona se consolidan los valores y principios, los cuales perdurarán a lo largo de la vida.

Finalmente, es bueno apuntar a que es pertinente y urgente trabajar en corregir las deficiencias en la comprensión de lectura y redacción con que se reciben los alumnos en la Universidad.

Cordialmente,

Héctor Julio Garzón Vivas

Magister en economía

Docente Universidad Libertadores

Bogotá D.C., abril 11 de 2007

MEJORAMIENTO ESPIRITUAL

Señor Director:

Para mejorar la formación de los empresarios no basta con que las Universidades ajusten sus programas para obtener competencias en las áreas de la ética y la solidaridad. Como decían los abuelos, si eso no se hace en la casa, lo que se haga en el colegio y la universidad solo será retórica.

De qué le sirve a una persona escuchar y hablar sobre valores, ética y compromiso social si en su casa papá y mamá no dan el ejemplo, y todo, lo contrario, lo impulsan a ser "más vivo", "más avispado", le inculcan que: "papaya dada, papaya comida". O le enseñan que lo más importante es el dinero, o la posición social, o los viajes al exterior, sin importar de dónde y cómo sale el dinero.

El asunto es importante porque de él depende, en gran medida, que la injusta distribución del conocimiento y de la riqueza se resuelva.

Los centros de educación en su mayoría, para el caso colombiano, son solo sitios en donde apenas se hablan de estos temas, pero nada se hace para crear verdaderas competencias. Normalmente lo que sucede es todo lo contrario, lo poco y bueno que se hace en el hogar se deforma en el aula. Por dar un ejemplo, mírense los contenidos de una clase de finanzas, en donde se inicia diciendo "...el objetivo más importante de una empresa es obtener utilidades". ¡Con eso se dice todo!

Comparto esta última frase para que nuestros líderes mejoren sus niveles de espiritualidad. Para ello no basta con ir a la universidad. Sin ser religioso les recomiendo ir de "mes" en cuando a una iglesia, o por lo menos leer un texto sobre este tema, por ejemplo, la biblia.

Un abrazo.

HÉCTOR JULIO GARZÓN VIVAS

Director área de ciencias empresariales

CENDA

Bogotá D.C, Enero 27 de 2005

ELABORACIÓN DE PROYECTOS Y EMPRENDIMIENTO

Esta parte de los documentos titulada Proyectos, no es más que una manera diferente del autor de mostrar cómo se elaboran propuestas metodológicas sobre algunos temas particulares, pero todo ello direccionado al tema de la economía y emprendimiento.

En este apartado se encuentran directamente cinco proyectos, los cuales muestran El liderazgo participativo, Empresa y psicología, Empresa virtual, Pobreza y espíritu empresarial e Indicadores de gestión. Para cada uno de ellos se analizan los factores que permiten su buen desempeño y se regulan todos los aspectos relacionados con la presentación de un proyecto o el emprendimiento y la manera como se va a desarrollar el mismo en cada caso y las fuentes que sirven de desarrollo para cada uno.

EL LIDERAZGO PARTICIPATIVO

RESUMEN: Se presentan algunos de los principales errores que cometen los que creen que el poder y la autoridad formal es suficiente para convencer a otros de hacer lo que deben, en el marco de los objetivos corporativos. Igualmente, a partir del análisis de algunos autores que tratan temas sobre el liderazgo, se presume la participación de varias personas al mismo tiempo en un equipo, pero cada una con habilidades y competencias diferentes, a partir de las cuales, y gracias a un adecuado empoderamiento, cada individuo puede ejercer el liderazgo, sin reñir con el liderazgo del equipo.

PALABRAS CLAVES: Líder, motivación, errores, creatividad, innovación, escuchar, ejemplo, efectividad, participación.

Hablar de liderazgo puede sonar a un tema de cajón y suficientemente agotado; pero la verdad cobra mucha importancia en el actual estado de cosas en las organizaciones. En este marco este escrito corresponde a una reflexión sobre algunos aspectos relacionados con esta característica que no solo es propia de las personas que están a la cabeza de un grupo de personas.

Lo antes dicho, se sustenta también en una frase de un autor conocido que plantea que *la autoridad y el poder no son suficientes para que las personas realicen lo que deben hacer*, -Peter Drucker, 1991-, con ello se quiere decir que cuando se tiene autoridad y poder de manera formal, no basta para convertirse un líder. Quien en las organizaciones públicas o privadas detenta la autoridad y el poder, no necesariamente es un "líder", en el sentido de "aquel que tiene la capacidad positiva de motivar a otros a conseguir un resultado coherente con los objetivos de la organización".

Muchas veces estando en el pedestal del poder desde el punto de vista formal, se cometen los siguientes errores[29]:

- No se tiene o se pierde la capacidad de *escuchar* a los demás.

- No se crean oportunidades para hacer de la *participación* una actividad permanente y positiva de parte de las personas en las decisiones de la empresa.

- No se enseña y lidera con el *"modelaje"*, es decir, se deja a un lado el comportamiento que sirve de ejemplo e inspiración para los demás

---

- [29] Adaptado de *"Desarrolla tu Liderazgo con 8 Herramientas de Influencia"*. Video en
http://www.youtube.com/watch?v=ullcQLzlNnE&feature=results_main&playnext=1&list=PLC87101026AB45B96

- Igualmente, no se *valora* de manera justa los aportes y el esfuerzo de los demás.

- Quienes se obnubilan por los *"privilegios de la autoridad y el poder"*, no entienden el papel de generar **expectativas**, que reten a los integrantes de su equipo, privándolos de la oportunidad de que vibren en la búsqueda de los resultados.

- Mucho menos brinda **confianza** suficiente para crean un clima laboral propicio para la productividad. Ahora, esto no significa que necesariamente se deben establecer relaciones estrechas que pasen al plano sentimental.

- Uno de los papeles fundamentales de los líderes que son los responsables de crear el **ambiente**, en donde las capacidades de los miembros del equipo se potencien.

- Quienes confunden su papel de liderazgo al de ser simplemente "jefes" nunca comprenderán que una de sus obligaciones es la de proveer o agenciar la consecución de los **recursos** necesarios para que los planes, programas o proyectos de lleven a cabo

El líder cuando motiva hace que haya empoderamiento; logra que cada persona a su alrededor no solo sea consciente de sus responsabilidades u obligaciones, si no que se haga cargo de sí mismo.

Una de las competencias básicas que deben tener los líderes es lo que el Dr. Daniel Goleman, denomina *Inteligencia emocional*[30], entendida aquí como la capacidad para comprender e interrelacionarse con los demás. Esta capacidad permitirá que los líderes logren sincronizar los objetivos de la organización, con los individuales, de cada uno de los integrantes de su grupo. Ello facilita el trabajo en equipo; y a la vez potencia la unidad de objetivos de conjunto. El clima emocional de una empresa depende entre un 50 y un 70% del líder[31].

Es claro que los líderes deben promover y fomentar la creación de una visión de grupo; esta visión no es la suya, es la del equipo, a la cual se llega a partir de un ejercicio de *creación colectiva*[32]; difícil de lograr cuando predomina la arrogancia personal en muchas de nuestras organizaciones. En este marco, los intereses del cada individuo están sincronizados con los intereses de líder y en armonía con los de la organización, así no sean iguales.

---

[30] La **Inteligencia emocional** es la capacidad para reconocer <u>sentimientos</u> propios y ajenos, y la habilidad para manejarlos. En: *http://es.wikipedia.org/wiki/Inteligencia_emocional*

[31] "***Managerial Style as a Behavioral Predictor of organizational Climate***". McBer & Company, Boston, 1996.

[32] Peter Senge, lo denomina "visión compartida", En http://www.redconsultoras.com/libros/QuintaDisciplina.htm

Para lograr sostenerse y mantener el dinamismo el líder debe esforzarse para que el ingrediente de la **creatividad e innovación** estén a la orden del día dentro de su equipo.

Un líder es un *negociante de esperanza*; esto significa que debe tener una habilidad genuina para lograr mantener prendida la llama, de forma continua y creciente, de la energía positiva en el corazón de los integrantes de su grupo.

Además, debe inculcarle e instalar en la mente de "sus liderados" que no hay atajos a la excelencia; esto es que el esfuerzo y la constancia permiten obtener resultados efectivos, basados en una mayor productividad y cuya materia prima es el conocimiento. Incluso, que el fracaso está en el camino hacia esa ruta.

Finalmente, puede observarse que el liderazgo no es una actividad "individual", si no que se realiza o materializa a partir de un equipo; no hay liderazgo sin equipo. Pero al mismo tiempo en la medida en que cada uno de los miembros de un equipo tiene unas competencias determinadas, es claro que a partir de su empoderamiento puede ejercer de manera continua o discontinua actividades de liderazgo. Es con base en ello, que hablamos de un **liderazgo participativo**[33].

---

[33] Para ampliación del concepto ver: "**Hacia un liderazgo participativo**", Beatrice Briggs. En: http://iifac.org/bonfire/pdf/16_sp.pdf

BIBLIOGRAFÍA:

Briggs, Beatrice. "Hacia un liderazgo participativo", En:
http://iifac.org/bonfire/pdf/16_sp.pdf

Desarrolla tu Liderazgo con 8 Herramientas de Influencia. En
http://www.youtube.com/watch?v=uIlcQLzlNnE&feature=result
s_main&playnext=1&list=PLC87101026AB45B96

Liderazgo y Motivación. En:
http://www.youtube.com/watch?v=fZMhqTs28IY

Liderazgo y visión. En
http://www.slideshare.net/linkgerencial/liderazgo-y-vision-
participantes

Senge, Peter. Libros Resumidos. "La quinta disciplina" -
Primera parte. En
http://www.redconsultoras.com/libros/QuintaDisciplina.htm

Senge, Peter. Libros Resumidos. "La quinta disciplina". En
http://www.redconsultoras.com/libros/QuintaDisciplina.htm

EMPRESA Y PSICOLOGÍA[34]

Es muy frecuente escuchar en los estudios sobre la empresa, que gran parte de los problemas son del orden financiero, de demanda, de marketing, de calidad, organizacional, entre otros. Y para resolverlos hay que utilizar herramientas técnicas de mayor o menor complejidad, para lo cual hoy en día se encuentran una alta gama de ellas.

Sin embargo y partiendo de que las empresas en esencia son una de las formas de las "organizaciones humanas", es necesario contar con esta condición e incluso antes de utilizar las herramientas para atacar los problemas técnicos, deben cuidarse de los problemas humanos.

Hablar de los problemas de ser humano, en gran medida, corresponde a disciplinas tales como la psicología, la humanística, la antropología, la sociología y hasta la filosofía. Estos temas generalmente son escasos o casi siempre ausentes de los programas de capacitación forma o de educación informal que se imparten tanto en universidades como en las demás instituciones de formación empresarial.

---

[34] Documento publicado en Portafolio. Abril 1 de 2003.

En particular y dada mi experiencia profesional he encontrado que en un alto porcentaje los denominados problemas de la empresa, afirmaría que en más del 50% de los casos, son generados por factores inherentes a la psicología del (los) empresario (s). Es decir, problemas como la inestabilidad emocional, la falta de destreza para ejercer el liderazgo, la ansiedad, la inseguridad, entre otros aspectos, son los mayores y verdaderos causantes de muchos de los fracasos empresariales. Como corolario: *"la salud de la empresa es un fiel reflejo de la salud psicológica del empresario"*.

Es claro que cuando cerca del 68% de nuestras empresas son formadas por familiares el nivel de ***"riesgo e inestabilidad psicológica"*** se aumenta, a tal punto que podría afirmarse que antes que nada las empresas requieren de terapeutas de conflictos, casi siempre de carácter familiar. Irónicamente, hay que considerar muy seriamente la manera de cómo proteger a las empresas de sus propios fundadores.

Es por esto que se recomienda a las diferentes instituciones privadas y gubernamentales encargadas de impartir formación empresarial que deben considerar la posibilidad de capacitar antes que, en finanzas, marketing o producción, en el desarrollo y manejo de aquellos aspectos propios del *empresario como persona*. Esta misma recomendación vale para los que se encargan de hacer consultoría.

Algunos empresarios nacen, por cierto, son muy pocos, tal vez no más de 5%. Pero el restante 95% deben hacerse. Es allí en donde debe hacerse el esfuerzo en que la idea de formar empresario no debe encaminarse a la formación estrictamente técnica –financiera, comercial, productiva, etc. – , sino que las energías deben dirigirse primordialmente hacia la formación de "*la personalidad de empresario*".

Cordialmente,

HÉCTOR JULIO GARZÓN VIVAS

Magíster en Economía

Docente Universidad Libertadores

¿EMPRESA VIRTUAL? ¡¡¡UNA OPCIÓN REAL PARA EL EMPRENDIMIENTO...!!!

RESUMEN: *Se hace una recopilación a cerca del concepto de empresa virtual, el cual ha venido evolucionando desde 1989 hasta el presente; así como una aproximación a los efectos de carácter técnico y teórico. Igualmente, se hace una presentación de algunos aspectos económicos desde lo teórico; un esbozo sobre las implicaciones en cuanto a los aspectos tecnológicos, administrativos y de marketing de este tipo de empresa. Finalmente, se hace una reflexión sobre los requerimientos mínimos para iniciar una empresa virtual.*

PALABRAS CLAVE: *emprendimiento, ciberempresa, webonomics, marketing directo, empresa virtual, teletrabajo, plan de negocios, e-comercio.*

ALGUNOS ASPECTOS TEÓRICOS

El concepto de *empresa virtual* ha evolucionado, algunas definiciones se pueden resumir así:

El concepto de Empresa Virtual comienza con la organización trébol, propuesta por **Charles Handy** en su libro ***The age of unreason***, de 1989, en donde se manifiesta: "Las organizaciones solían ser consideradas como piezas gigantes de ingeniería, con partes humanas intercambiables en gran parte. Hablamos de sus estructuras y de sus sistemas, de las entradas y salidas, de los recursos de control y de su administración, como si el total fuera una gran fábrica. Hoy en día, el lenguaje no es de ingeniería, sino de política, se habla de culturas y redes, de equipos y coaliciones, de influencia o poder antes que de control."

Una propuesta de común invocación es la de **Charles Handy** (1989) que define esta organización como un trébol irlandés de tres hojas, la cual hace énfasis en el talento humano que la conforma así: 1- L***os trabajadores centrales de la organización***, integrada por profesionales calificados, técnicos y administradores, que son imprescindibles. Estos son esenciales porque representan el conocimiento organizacional que es específico para esa empresa en particular, hoy llamado *Inventario de Talentos*. Resulta ser un recurso caro, ya que redunda en mejores pagos, desarrollo y condiciones privilegiadas. 2- A***umento de las operaciones*** *de contratación externa*, para que todo trabajo no esencial sea realizado por una fuerza laboral que no es parte de la organización central y, 3- la *fuerza laboral flexible*, es decir, empleados sobre una base temporal o por horas, conforme ocurran fluctuaciones o niveles máximos en la demanda.

De otra parte, **Gary Hamel** y **C.K. Prahalad,** quienes plantean las actividades fundamentales, básicas o nucleares, ya que a través de éstas se identifican plenamente las corporaciones virtuales, mediante las cuales se asocian, sin corresponder estrictamente a la figura de alianzas estratégicas mencionadas por **Michael Porter**. Por tanto, el contexto teórico y metodológico exige de esta realineación para conformar el esquema requerido sobre la empresa virtual deseada.

Posteriormente, en 1992, **Davidow y Malone**, en *The Virtual Corporation*, presentan su visión al respecto, y enmarcan el concepto a los años ochenta, pretendiendo desvirtuar el nacimiento de la organización virtual, "ya que la exponen como una red de empresas en torno a un núcleo central", especialmente cuando afirman que: "A diferencia de sus predecesoras contemporáneas, la corporación virtual va a parecer menos una empresa discreta y más un bloque continuamente variante de actividades comunes en medio de una red de relaciones" y en "el proceso de convertirse en una corporación virtual es, primero y antes que nada, un proceso de aprendizaje".

En 1993, la revista *The Economist* publica el artículo: "**La empresa global: ha muerto**", considerando la **Empresa Virtual** como "una red temporal de empresas que se unen para explotar una oportunidad específica de mercado apoyada en las capacidades tecnológicas que componen la red".

El 8 de febrero, la revista *Fortune* denomina esta idea como *Corporación Modular*, mientras que la revista *Business Week* la llama *Corporación Virtual;* con estos antecedentes se abren nuevas posibilidades para estudiar el tema de la empresa virtual.

De acuerdo a la definición de la revista *The Economist,* los conceptos básicos que determinan una empresa virtual son:

    - Se trata de una empresa compuesta por varias en colaboración, aceptando, en principio, cualquier fórmula instrumental, alianzas estratégicas, subcontratación, *outsourcing*, etc.

    - Cada una de ellas aporta lo que sabe hacer mejor que ninguna otra, a lo que **Hamel y Prahalad** han denominado *Core Business* —actividades fundamentales o nucleares– en su libro *Compitiendo por el futuro*, en 1994.

- En el libro de Félix Cuesta, *La Empresa Virtual. La Estructura del Cosmos*, publicado en 1998, presenta una variante sobre la definición propuesta, aceptando el concepto de red, pero en torno a un núcleo central, lo que permite resolver uno de los principales problemas de la llamada empresa virtual de la época, la reducción de los costos de coordinación, fuera de toda visión tecnológica contemporánea.

Inostroza y Sostres, 2005, revisan los anteriores conceptos y proponen uno nuevo, por considerar que estos no tienen en cuenta los desarrollos tecnológicos en los cuales se ha desenvuelto la empresa virtual: "... es una organización de trabajo asociado que utiliza la red de Internet como una base de comunicación entre los socios que conforman esta empresa.

Entendiendo que la estructura organizativa está definida en funciones y procesos, lo cuales se apoyan en internet para ampliar sus transacciones y operaciones en el mercado del ciberespacio. También representa una mejor coordinación y relaciones con el recurso humano que la integra, facilita el control de activos y pasivos de la empresa, desarrolla una mayor interacción con otras empresas que están en la red e incursiona en mercados internacionales a menores costos, mayor calidad y eficiencia".

También se puede citar lo expuesto por **Koontz-Weihrich, 1999**. "La organización virtual es un concepto amplio, según el cual un grupo de empresas o personas independientes se conectan entre sí por medio de tecnología de la información".

La empresa virtual, por otro lado, es un sistema de software que opera sobre la red Internet, donde es posible tomar decisiones mediante algoritmos previamente diseñados para el fin, y que, con esta asociación tecnológica, pero que además se ve intrínseco el concepto de una empresa, lo cual modifica los paradigmas de organización, trabajo, producción, comercialización y marco jurídico. (Salvador G. Sotres Arévalo, 2002)

En este marco se puede citar al profesor **Peter Drucker, 2005**, quien desde ya hace varias décadas ha hablado de la "empresa del conocimiento" como aquella que utiliza como materia prima el talento humano y sus diferentes formas de manifestación, en especial a través de la tecnología.

Sin embargo, las diferencias entre la empresa virtual y la empresa tradicional, es más de forma que de esencia. Requiere de un plan, una visión, una misión, organigrama, manual de funciones y procedimientos. Por supuesto que también requiere desarrollar una función de producción, planeación, financiera, marketing, administración, pagar impuestos y someterse a reglas o normas.

Las empresas creadas con base en internet, en general, tienen unas ventajas frente a las empresas físicas, sobre todo en lo referente a la rapidez o inmediatez para encontrar y atender a los clientes. Estas facilitan el conocimiento y ubicación del consumidor, es decir, mejoran ostensiblemente la oportunidad en las operaciones de la empresa, lo cual se convierte en un factor clave de éxito para la misma empresa, como también una amenaza si no se aprovecha.

También se puede agregar, que no debe haber tal distinción, al fin y al cabo, son empresas, lo que ocurre es que algunas utilizan, con mayor intensidad, las tecnologías denominadas de información y comunicación.

En el **Estudio Empresa Virtual**, 2006, se encontró que el 83% de los encuestados cree que la adopción de soluciones de empresa virtual aumentará para incrementar ahorros y mejorar la eficiencia. El 91% ya proporcionan a sus empleados un acceso remoto seguro a su red interna cuando es necesario. De acuerdo con la mayoría de los encuestados, se proporcionan funcionalidades de trabajo flexibles e instalaciones de sobremesa interactivas a los teletrabajadores. Los empleados estimaron que los beneficios percibidos de estas medidas fueron una mayor eficiencia y productividad, y también un entorno de trabajo más flexible para ellos. En Colombia ya se está discutiendo un proyecto de decreto para regular el teletrabajo en el sector público, el cual se encuentra disponible en www.dafp.gov.co.

ALGUNAS IMPLICACIONES DE TIPO ECONÓMICO

En primer lugar, vale decir que algunos se atreven a afirmar que con el nacimiento de la "empresa virtual" aparece una nueva rama de la economía "webonomics", en razón las nuevas estructuras y reglas que están apareciendo.

La **empresa virtual** fortalece y acelera la mundialización de la economía, puesto que beneficia al desarrollo del proceso de globalización al crear condiciones para que las empresas transnacionales tengan un desempeño superior al que presentan otras en países en desarrollo. También favorece la regionalización de tipo trilateral, considerando a los países de la triada como conductores de estos procesos (Estados Unidos, Europa y Japón), (S. Sotress, 2010).

La gran revolución del comercio electrónico está fundamentada en la reducción de costos –al menos los referidos a producción, administración, operación–, al eliminar intermediarios que no aportan valor a la cadena productiva. En este último aspecto, aún no se ha podido determinar, es decir cuantificar el impacto y la velocidad como el valor agregado se incrementa de manera exponencial con el uso de las tecnologías de la información. Es como llamamos en economía "el valor agregado factorial".

Paralelamente, nace como discusión la consideración de que este tipo de tecnología debería ser un "factor de producción" diferente de los que tradicionalmente referencian en la teoría económica. Y algunos autores como **Harrod y Domar**, 1970, lo habían planteado, pero no se imaginaban lo avasallante de los desarrollos en este campo, y solo se limitaban a las posibles aplicaciones de lo que hoy denominaríamos "hardware", sin tener en cuenta que hoy por hoy lo más importante el "software".

Para todos los sectores de la economía, por ejemplo, como se plantea en el documento **Cómo Montar un Negocio Virtual**, 2010, el cual tiene usos diversos como por ejemplo la compra de productos agrícolas o la venta de las cosechas; realizar la trazabilidad de todos los productos o servicios, mediante robustas bases de datos que permiten hacer seguimiento a toda la cadena de producción y de distribución, potenciando la cadena de valor.

Una de las grandes ventajas de la empresa virtual es que mejora notablemente la eficiencia y con ello la productividad y efectividad de las empresas en cualquiera de sus funciones tradicionales. Para muchos de nosotros es claro que la compra electrónica puede suponer descuentos interesantes, lo que se traduce para las empresas en economías.

La mayor productividad, entendida básicamente como el volumen de producción total por unidad de insumo, permite que los precios relativos de los bienes y servicios disminuya y con ello el volumen y rentabilidad de ventas mejoren ostensiblemente; puede entenderse entonces como una nueva dimensión de las economías de escala.

Igualmente, en el aspecto de comercio, tienen la facilidad de hacer que un mercado local deje de ser el inmediato objetivo, para convertir lo global en una necesidad, por la versatilidad con que se permite que la empresa sea conocida a nivel global, con una gran facilidad.

El tiempo es algo relevante en el proceso, la rapidez de las respuestas y atención al cliente y la rapidez en las decisiones se convierten en un aspecto diferenciador de las empresas.

Por supuesto hay desventajas, algunos autores comúnmente señalan la "falta de personalización en la atención al cliente", la que debe ser mitigada con actividades que le generen valor agregado individual al consumidor; a la gente todavía no le gusta ser atendida por una máquina insensible, es por ello que dentro del proceso de mercadeo se deben aprovechar ventajas que brinda la tecnología para rastrear datos de los consumidores y convertirlos en valiosa información, a tal punto de poder personalizar la cadena de valor hacia el cliente, tal como lo ha planteado **Álvaro Mendoza**, Director de MercadeoGlobal.com.

Esta concepción cambia totalmente la economía porque simplifica el proceso y abarata el producto. Este proceso será más ágil, más rápido, más flexible y permitirá eliminar los stocks; nunca antes el concepto de *just of time*, había sido tan palpable. Los productos serán más personalizados. Los proveedores son los más amenazados por la introducción de Internet en las distintas áreas de gestión las grandes empresas, los cuales están desarrollando sistemas que cambiarán drásticamente sus relaciones son los proveedores y redundarán en la reducción de sus costes de producción.

Tan importante es el desarrollo del internet en particular que varios países lo consideran una herramienta valiosa para combatir la pobreza y los niveles de desigualdad. Es así como varios países, como por ejemplo Finlandia, lo ha incorporado como *un derecho de sus ciudadanos.* Colombia está en este camino de hacer que el acceso a internet sea un derecho para sus naturales; esto es, en razón a la real importancia de internet y sus posibilidades para fomentar un nuevo tipo de relaciones sociales y económicas y, en particular, las de carácter empresarial.

ASPECTOS TÉCNICOS

Es claro que esta tecnología apoya todo el proceso administrativo: Planeación, Dirección, Organización, Integración, Ejecución, Control y Evaluación. Además, no hay ningún área de la empresa que no se vea afectada por la tecnología.

Para tener éxito, estas empresas deben aprovechar las ventajas que brindan los desarrollos tecnológicos, así como velocidad de información, disponibilidad y versatilidad. Además, porque todo ello mejora los niveles de productividad porque, de manera integral, impactan a cada uno de los recursos de la empresa, esto es el capital, el talento humano, el conocimiento y la transformación de recursos naturales y/o ambientales.

Hay que aprovechar las potencialidades de la empresa con base en la tecnología, en cuanto a la capacidad de llegarle a los clientes de manera directa, para ello debe aprovechar las redes sociales, los blogs, las redes de conocimiento, el correo electrónico y las páginas web interactivas.

Uno de los aspectos en donde, con mayor intensidad se han explotado los beneficios de la tecnología de internet, es el marketing y, en especial, el denominado **marketing directo en línea**, el cual permite la globalización basado en la eficiencia suprema, sin descuidar la "personalización", que pide cada individuo.

Por otro lado, en su libro de **Marketing**, **Kotler y Armstrong, 2001**, plantean con mucho sentido que los sitios web deben vender fácilmente. En este marco, se puede confirmar que permiten una fácil integración y facilitan la potenciación de los elementos clásicos del marketing –precio, plaza, promoción, publicidad–.

Algo importante en este aspecto es que el denominado nuevo marketing es un **marketing one to one**, interactivo y en tiempo real. En Internet, la publicidad apela a la razón, dice las características del producto que quieres comprar, sin envolturas. En Internet, el consumidor es un actor que ya ha tomado la actitud de hacer una acción. La nueva publicidad completa el ciclo del interés publicitario (atracción, interés, deseo y acción).

Las relaciones laborales también cambian, por ello se replantea el "ordeno y mando", los formalismos y hasta las corbatas, de los que reniegan los ciber trabajadores. Ahora, las relaciones laborales son más lineales, de tú a tú. Incluso, el impacto que se genera sobre los procesos de planeación, dirección –toma de decisiones–, control y evaluación.

Es importante resaltar que la tecnología del internet permite ser utilizada en las funciones de apoyo de las organizaciones, esto es, en áreas como la administrativa, los recursos humanos, la planeación, financiera, logística de transporte; incluso con diferentes niveles de complejidad. Por ejemplo, se han desarrollado plataformas denominadas ERP –***Enterprise Resource Planning***–, que son sistemas de gestión de información que integran y automatizan muchas de las prácticas de negocio asociadas con los aspectos operativos o productivos de una empresa. Se caracterizan por estar compuestos por diferentes partes integradas en una única aplicación. Además, estas partes son de diferente uso, por ejemplo: producción, ventas, compras, logística, contabilidad, gestión de proyectos, sistema de información geográfica, inventarios y control de almacenes, pedidos, nóminas, etc.

- *La web es una oportunidad para América latina, permite que las empresas accedan a tecnologías en su mayoría gratis y adopción, para relacionarse, gestionar, innovar o vender.*

- *La web permite crear todo el tipo de contenidos, mezclarlos, compartirlos, ser encontrados y todo conectados en la red.*

- *Las plataformas sociales más conocidos como Facebook, además de diversión, tienen utilidad de negocio para empresas grandes y pequeñas.*

- *La colaboración en red sirve para crear o insertarse en la comunidad y convocar seguidores en torno de un valor, causa o producto.*

- *Más que tecnología, lo que importa es la visión y la práctica en el desarrollo de esta.*

- *La oportunidad es que casi todo es disponible y gratis para apoyar negocios en la web. Pero el desafío es apropiarse de ellos con el fin de aumentar las posibilidades de mejorar productividad y rentabilidad.*

En importante que con la irrupción del internet en la empresa aparecen nuevos conceptos que es necesario comprender y aplicar: Teletrabajo, Cibernético, Cibertienda, Cibernegocio, E-comercio, E-learning, Infoindustrias, Infoespacio, Pods cads, News letters, Webcasting, Discusión electrónica, Reunión virtual, entre otras.

Crear un sitio web es una cosa, hacer que lo visiten es otra, plantean los expertos. Es necesario que el sitio conteste preguntas, que genere buena voluntad hacia el bien o servicio. Los expertos en este tema recomiendan ***invertir en llevar tráfico***. Existen muchos sitios de Internet que crean portales bien armados, con un catálogo de productos suficiente y navegabilidad ágil, lo cual siempre es deseable, pero fallan al pensar que automáticamente los usuarios van a llegar a ese sitio a comprar productos o servicios.

OPCIONES DE EMPRENDIMIENTO

Tal y como se ha planteado, una empresa virtual es una empresa en todo el sentido teórico, técnico y práctico, por tanto, es objeto de aplicar iniciativas de emprendimiento, pues como se ve, permite ser aplicada en cualquier sector económico. Igualmente, requiere de la decisión férrea por parte de emprendedor quien, a diferencia del emprendedor en la empresa tradicional, requiere un poco más de conocimiento y contacto con las tecnologías de la información. El emprendedor de la empresa virtual debe tener en cuenta las ventajas y desventajas y hacer encajar su "***plan de negocios***" en esta nueva esfera y como en todas las actividades económicas, debe encontrar las técnicas, herramientas y métodos adecuados para desarrollar su idea empresarial.

En la red se pueden encontrar diferentes guías para que una vez se tenga la idea empresarial, se pueda poner en marcha. Javier Gámez, en su libro *"Guía infalible para emprendedores de negocios en internet"*, propone unas condiciones mínimas, como por ejemplo la "pasión" por desarrollar una empresa en internet, un plan de negocios claro.

Es necesario aprovechar las ventajas que ofrece la tecnología, como la versatilidad, la ubicuidad. La inversión en la empresa en internet, desde sus inicios, es de bajo costo, pues por ejemplo no requiere de significativas inversiones en elementos físicos para su operación. En forma básica requiere: Pasión y/o voluntad, un buen plan de negocios, una conexión a internet y un computador.

HÉCTOR JULIO GARZÓN VIVAS

Economista Industrial

Magister en economía

Docente universitario, Consultor empresarial, Conferencista

www.garzonvivasconsultoria.com

info@garzonvivasconsultoria.com

Referencias bibliográficas:

- Gamez Javier, Guía infalible para emprendedores de negocios en internet; en www.publicidadyestrategias.com, recuperado el 20/10/11.
- Heath Joseph, Lucro Sucio, Economía para los que odian el capitalismo. Poco competitivo en todo, 113 pp ss. Ed. Taurus, 2009.
- Kotler Philip y Armstrong Gary, Marketing, Marketing en línea y comercio electronico, 567/576. Mercado Global 624/649. Octava Edición, Pearson Educación, 2001.
- Koontz Harold y Heinz Weihrich, Administración, una perspectiva global; 11a. edición; Mc Graw Hill.

Infografía:
- El camino hacia el comercio electrónico (II), La webonomics: una extraña forma de negocios 01/02/11, Por Oribe Irigoyen http://www.laondadigital.com/LaOnda/LaOnda/001-100/23/La%20webonomics.htm, recuperado el 10/10/11
- La empresa virtual como nuevo esquema de negocios en la red, Enviado por Manuel Gross el 21/10/2010 a las 18:06. Por Salvador G. Sotres Arévalo http://manuelgross.bligoo.com/content/view/1056526/La-empresa-virtual-como-nuevo-esquema-de-negocios-en-la-red.html
- La empresa virtual es el futuro http://www.sitiosargentina.com.ar/notas/2006/abril/empresa-virtual.htm, recuperado el 29/09/11

- Cómo montar un negocio virtual, en
http://www.alipso.com/monografias/comervir/,
recuperado el 29/09/11
Cómo una empresa puede tener su propia tienda en
Internet http://www.portafolio.co/finanzas-
personales/como-una-empresa-puede-tener-su-propia-
tienda-internet, recuperado el 25/09/11

POBREZA Y ESPIRITU EMPRESARIAL[35]

Para disminuir drásticamente los niveles de pobreza del mundo y especialmente en América Latina, se debe hacer una revolución en el sentido de lograr una "redistribución más equitativa del conocimiento". El asunto no es la redistribución de la riqueza si no eliminar las causas que la generan. La defectuosa distribución de la riqueza es causada fundamentalmente por la baja calidad y cubrimiento en la educación que predomina en nuestros países.

Ya se ha demostrado hasta la saciedad, los altos niveles de correlación que hay entre los niveles de educación, ciencia y tecnología y el desarrollo de los países.

Para lograr definitivamente la eliminación sensible de los niveles de pobreza, lo que se debe hacer en todos los niveles de la educación es fortalecer y entrenar permanentemente el espíritu empresarial y emprendedor de todos los jóvenes. Los estudiantes no pueden seguir aspirando a terminar sus estudios para ser absorbidos por el mercado laboral. Definitivamente esta ya no es una opción de vida. No lo es

---

[35] Documento publicado en Portafolio. Septiembre 4 de 2004.

por los altos niveles de desempleo y subempleo que existen y lo peor de la calidad de empleos en términos de los salarios.

El SENA, de muy buena intención, dentro del propósito de contribuir a que el país sea uno de propietarios, como está propuesto en el plan nacional de desarrollo, conocido como el HUECO –Hacia Un Estado Comunitario–, abrió una convocatoria que se cierra el próximo 15 de octubre de 2004 para recibir Planes de Negocios propuestos por los profesionales recién graduados y los estudiantes de los últimos semestres de educación superior. El Fondo Emprender cuenta con $10 mil millones de recursos. Hasta ahí es muy loable y seguramente con ello se le tapa la boca a muchos que afirman que en Colombia no se apoyan las ideas de los jóvenes.

El problema es que en Colombia no hay una vocación real de empresarios. Para ser empresario no basta con tener una buena idea productiva, la cual se plasma en el Plan de Negocios, así como tampoco es suficiente tener los recursos de capital y, en general, los estudios de factibilidad necesarios.

En varias ocasiones, incluso continuamente a través de PORTAFOLIO, se plantea que para tener éxito como empresario se requiere: tener espíritu de líder, ser un buen motivador, un buen comunicador, poseer capacidad de sacrificio constante, altos niveles de ética y valores... en fin, tener las condiciones que son indispensables para tener éxito empresarial.

Si no se cuenta con la suficiente "personalidad de empresario", todos los esfuerzos que realicen tanto el SENA –Fondo Emprender– como las demás entidades que disponen de capital de riesgo, se irán al "hueco", y lo peor, no se contribuirá en lo más mínimo para combatir la pobreza.

Cordialmente,

HÉCTOR JULIO GARZÓN VIVAS

Asesor – Área de ciencias empresariales – CENDA

www.garzonvivasconsultoria.com

PANEL: "INCIDENCIA DE LAS NUEVAS TECNOLOGÍAS DE GESTIÓN EN LA FORMACIÓN Y EL TRABAJO DE LOS CONTADORES.

CASO: CUADROS DE MANDO INTEGRAL E INDICADORES DE GESTIÓN NO FINANCIEROS"

FUNDACIÓN UNIVERSITARIA LOS LIBERTADORES

FACULTAD DE CIENCIAS ECONOMICAS Y CONTABLES

PROGRAMA DE CONTADURÍA

SEMANA DE LA CONTADURÍA

OCTUBRE 6 DE 2003

1- ¿Es posible aplicar a las empresas colombianas los cuadros de mando integral y los indicadores de gestión? Hay algunas ventajas, inconvenientes, factores críticos de éxito, beneficios esperados e Implicaciones.

- Esta sería una ventaja significativa en cuanto a los aspectos de competitividad, pues se estaría haciendo mayores esfuerzos para mejorar la capacidad de gestión, sobre todo en la pequeña y mediana empresa, la cual representa más del 95% del total de nuestras empresas y, al tiempo, responden por más del 30% del PIB.

- Como inconveniente, encuentro que el empresario colombiano debe acostumbrarse a pensar y actuar guiado por la medición de resultados en términos de producto (valor agregado) y no de como hasta ahora se hace en la mayoría de los casos sobre los procesos.

  i. En este aspecto, por ejemplo, deben desaparecer medidas como (% de ejecución de presupuesto), porque eso no dice nada y peor, no conduce a nada. Debe, por ejemplo, premiarse indicadores como Ingreso total recibido (generado) por cliente, o algo parecido.

- Ahora que ha tomado fuerza el análisis de los problemas fiscales, a raíz de la no aprobación del Referendo, le proponemos al Gobierno que en vez de plan B utilice el plan C (cuadros de mando). Esto es, que les exija a todos los funcionarios, de todos los niveles, para que trabaje a partir de resultados concretos. Por ejemplo, deben desaparecer indicadores tales como "Número de oficios escritos". De igual manera deben plantearse otros tales como "Número de personas atendidas / Valor de la nómina". Otro, denominado multiplicador del gasto público: "Pesos generados en la economía (PIB), por cada peso gastado en el sector público".

2- ¿Qué cambios deben introducirse en los procesos de formación de contadores públicos para apropiarse de estas tecnologías?

- Ante todo, es necesario recalcar que los contadores tienen una fortaleza importante para afrontar este tipo de tecnología. Y es que, de alguna manera, ya están acostumbrados a manejar sistemas de información cuantitativos. Tal vez los cambios que se deben introducir se refieren a la visión integral que deben tener respectos de las empresas o instituciones. Por decirlo de alguna manera: "No todo en la empresa es financiero".

- Desde otro punto de vista, es notoria la falencia que tienen los contadores (entre otras profesiones, como el derecho), en donde a sus profesionales no se les entrena para tomar decisiones. En este sentido, sí debe haber un cambio que le permita una visión y práctica profesional más gerencial.

- Los contadores tienen una especial destreza en la formulación de indicadores. Ahora, con los cuadros de mando deben adquirir habilidad para el diseño, aplicación e interpretación de indicadores compuestos. Ej. El índice Dupont, en el caso del área de las finanzas, el caso de Necesidades Básicas Insatisfechas, NBI.

- Los contadores deben aprender a relacionar diferentes fenómenos que se dan en la empresa. Su debilidad es que si no encuentra un soporte no lo consideran como elementos susceptibles de evaluar o controlar.

3- ¿Qué efectos o impactos tiene el uso de estas tecnologías en el rol del contador en las organizaciones?

- Es importante el uso de estas tecnologías para el contador, en la medida que tenga mayores "competencias y habilidades" para su aplicación, le beneficiaría y le daría una participación más alta en la escala jerárquica, pues ya no solo estaría ligado a los temas financieros / contables y tributarios.

- Siempre le he planteado a mis alumnos que deben salir del "sótano de las empresas". Es decir, estar y participar en el proceso de decisiones fundamentales o de carácter estratégico. Reto a la audiencia para que haga una medición en cuanto a la participación real del contador en la alta gerencia.

4- ¿Tienen futuro estas tecnologías en nuestro país?

- Claro que debe tenerlo, lo que pasa es que implica un cambio de mentalidad en el empresario en general, en el sentido de aprender a planear la gestión a través de indicadores y tableros de control. Esto es que se deben, por ejemplo, formular objetivos medibles que involucren objetivos cuantitativos y no tan gaseosos como: "Prestar servicios para satisfacer el cliente".

- El futuro exitoso de este tipo de tecnologías depende, en gran medida, de los cambios o ajustes en los contenidos y metodologías utilizados dentro de los currículos de las carreras como la Administración de Empresas, la Contaduría, la Economía y la Ingeniería Industrial, entre otras.

5- ¿Qué acciones pueden emprender las Universidades, los profesionales y/o los gremios y asociaciones profesionales para mejorar la capacidad institucional del país en servicios de asesoría y asistencia técnica en estos temas?

- Deben desarrollar actividades de investigación que le permitan diseñar "cuadros de control" a la medida de la cultura empresarial colombiana.

- Las universidades y demás entes de la sociedad encargados de la investigación y generación del conocimiento, en primera instancia, deben capacitar y entrenar a sus alumnos en este tipo de herramientas.

- Como medida complementaria a lo anterior, deben realizar actividades de extensión y educación continuada. Debe buscarse la forma que se permita la reflexión sobre este tipo de temas, no basta con la simple presentación de los conceptos.

HÉCTOR JULIO GARZÓN VIVAS

Docente Programa de Contaduría

Magíster en economía

Bogotá D.C., octubre de 2003

BIBLIOGRAFÍA

- Banco Mundial; Informe sobre el Desarrollo Mundial 1991; La Tarea acuciante del desarrollo. Washington D.C.; 1991.

- Chacholiades Miltiades, Economía Internacional; Mc Graw Hill; México, 1988.

- Cano, Carlos Gustavo – Ministro de Agricultura y Desarrollo Rural del Colombia, El agro de cara al TLC; Discurso de instalación del XXXII Congreso Nacional Agrario, Bogotá D.C., noviembre de 2003.

- Departamento Nacional de Planeación, Estadísticas Históricas de Colombia; Tomos I y II; Tercer Mundo Editores; Bogotá Col., 1998.

- Dornbusch, Rudige; Fischer Stanley y Startz Richard; Macroeconomía; Octava edición; Mc Graw Hill; España, 2002.

- Durán, Xavier; Ibáñez Rodrigo, Salazar, Mónica; Vargas, Marisela; La innovación tecnológica en Colombia, Características por tamaño y tipo de empresa. Departamento Nacional de Planeación; Bogotá, Colombia, 1998.

- Garay, Luis Jorge; Apertura y Protección, Evaluación de la política de importaciones; Tercer Mundo Editores

– Universidad Nacional de Colombia; Bogotá Colombia, 1991.

- Instituto Nacional de Comercio Exterior - INCOMEX; Colombia y el Acuerdo general sobre Aranceles Aduaneros Y Comercio – GATT; Biblioteca Incomex de Economía Internacional; Bogotá Colombia, 1982.

- Kotler; Philip y Armstrong, Gary, Marketing, Octava edición; Prentice Hall; Mexico 2001.

- Sachs, Jeffrey D y Larrain, Felipe B; Macroeconomía en la economía global; Prentice Hall S.A. Chile, 1994.

Artículos varios de periódicos, entre mayo 12 y 24 de 2004.

- www//worldbank.org
- www//dnp.gov.co

BIBLIOGRAFÍA

Dinero (2002) ¿Generar desempleo o productividad? Bogotá. 17 Junio de 2002.

Portafolio (2002) ¿Distribución de la riqueza o del conocimiento? Bogotá. Marzo de 2002.

Portafolio (2002) ¿Generar desempleo o productividad? Bogotá. 17 Junio de 2002.

Portafolio (2003) Fisiología del Estado. Bogotá. 22 Enero de 2003.

Portafolio (2003) Empresa y psicología. Bogotá. 01 Abril de 2003.

Portafolio (2003) Rentabilidad, valores y ética. Bogotá. 08 Mayo de 2003.

Portafolio (2003) Evaluación de resultados en el sector público. Bogotá. 03 Junio de 2003.

Portafolio (2003) De otros privilegios en el Estado. Bogotá. 19 Junio de 2003.

Portafolio (2003) Los Estados sí se quiebran. Bogotá. 25 Junio de 2003.

Portafolio (2003) Economistas: en deuda. Bogotá. 03 Julio de 2003.

Portafolio (2003) Educación superior subsidiada. Bogotá. 24 Julio de 2003.

Portafolio (2003) Más municipio, menos nación. Bogotá. 16 Agosto de 2003.

Portafolio (2003) ¿Auxilios parlamentarios? Bogotá. 21 Agosto de 2003.

Portafolio (2004) Fracaso del Modelo. Bogotá. 15 Marzo de 2004.

Portafolio (2004) Desigualdad democrática!!! Bogotá. 30 Julio de 2004.

Portafolio (2004) Pobreza y espíritu empresarial. Bogotá. 4 Septiembre de 2004.

Portafolio (2005) El tamaño del Estado. Bogotá. 02 Marzo de 2005.

Portafolio (2005) No al recorte de transferencias. Bogotá. 27 Abril de 2005.

Portafolio (2005) ¿Porqué tanta corrupción?. Bogotá. 13 Mayo de 2005.

Portafolio (2006) Sobre la desigualdad. Bogotá. 06 Marzo de 2006.

Portafolio (2007) La macroeconomía y el bienestar social. Bogotá. 27 Marzo de 2007.

Portafolio (2010) La "salud" de las finanzas públicas - Colombia. Bogotá. 08 Abril de 2010.

Portafolio (2012) El éxito en las finanzas personales!!! Bogotá. Enero de 2012.

Aviso legal

Prohibida su reproducción total o parcial, así como su traducción a cualquier idioma sin autorización escrita de su titular.

Reproduction in whole or in part, or translation without written permission is prohibited. All rights reserved

Gracias por sus observaciones y comentarios a:

info@garzonvivasconsultoria.com

www.garzonvivasconsultoria.com

www.ingramcontent.com/pod-product-compliance
Lightning Source LLC
Chambersburg PA
CBHW031107250726
48655CB00004B/1621